Grammar & Patterns

LESSON 1
Introduction <1>

1. ~ 전에 / -기 전에

앞선 동작이 이루어지기 전에 뒤의 동작이 먼저 이루어진다는 뜻이 있다. '~ 전에'는 명사와 결합하며, '-기 전에'는 동사와 결합한다.
These forms mean that the latter action is performed before the former action. '~ 전에' combines with nouns and '~기 전에' combines with verbs.
(1) 1년 전에 중국 북경에 있었어요. I was in Beijing, China one year ago.
(2) 한국에 오기 전에 대학교에 다녔어요. I had attended college before I came to Korea.

2. ~ 동안 / -는 동안

어떤 상태나 행위가 지속된 기간을 나타낸다. '~ 동안'은 명사와 결합하며, '-는 동안'은 동사와 결합한다.
These forms indicate the duration of a state or action. '~ 동안' combines with nouns and '-는 동안' combines with verbs.
(1) 한국어를 두 달 동안 공부했어요. I have studied Korean for two months.
(2) 친구를 기다리는 동안 책을 읽었어요. I read a book while I was waiting for my friend.

LESSON 1
Introduction <2>

1. ~ 후에 / -(으)ㄴ 후에

선행문이 시간상 후행문보다 앞섬을 나타내며, 언제나 과거 관형형 어미 '-(으)ㄴ'을 쓴다. '~ 후에'는 명사와 결합하며 '-(으)ㄴ 후에'는 동사와 결합한다.
These forms show that the preceding sentence goes first as a matter of time, and always uses the past noun modifier '-(으)ㄴ'. '~ 후에' combines with nouns and '-(으)ㄴ 후에' combines with verbs.
(1) 1년 후에 대학교에 가려고 해요. I am going to college after one year.
(2) 시험이 끝난 후에 바로 고향에 갔어요. Right after the exam was over, I went to my hometown.

2. -께서

주격 조사 '-이/가'의 높임말로서, 주어가 화자보다 나이가 더 많거나 사회적 위치가 높은 사람일 때 사용한다. 주격 조사 '-께서'를 사용할 때는 다음에 나타나는 서술어에 '-시-'를 붙여 사용한다.
This is an honorific form of a subjective maker '-이/가.' It is used when the subject is older or the subject's social status is higher than the speaker. When using the subjective maker '-께서', honorific suffix, '-시-' should be used in final verbal ending of the sentence.
(1) 어머니께서 지금 뭘 하세요? What is your mom doing now?
(2) 우리 할아버지께서는 연세가 일흔 둘이세요. My grandfather is seventy-two years old.

LESSON 2
Invitation <1>

1. -께

여격 조사 '-에게'나 '-한테'의 높임말로서, 화자보다 나이가 많거나 사회적 위치가 높은 사람이 어떤 행위의 상대가 되는 것을 나타낸다.
This is an honorific form of dative marker '-에게' or '-한테,' it expresses that the listener who becomes the object of an action is

older or of higher social status than the speaker.
(1) 어제 부모님께 전화했어요. Yesterday, I called my parents.
(2) 선생님께 선물을 드리고 싶어요. I would like to give presents to my teacher.

2. -(이)나

명사와 결합하며 앞의 명사와 뒤에 오는 명사를 연결할 때 쓰인다. '사물을 임의로 열거해 놓고 그 중의 하나를 선택함'을 나타낸다.
This maker combines with nouns and connects the first noun and the latter noun. It indicates choosing one from the two or many.
(1) 학교에 버스나 지하철로 와요. I come to school either by bus or subway.
(2) 꽃이나 과일을 사가면 좋을 거예요. It would be good to buy either a flower or fruit.

LESSON 2
Invitation <2>

1. ~ 같다

명사와 결합하여 주어가 그 명사의 속성을 나타낼 때 사용한다. 명사 다음에는 '-와/과'가 붙어야 하나 보통 생략하여 쓰인다.
It combines with nouns in case that the subject indicates noun's property. '-와/과' should come after this noun, but they are not usually used.
(1) 제 친구는 천재(와) 같아요. My friend is like a genius.
(2) 제니 씨는 한국말을 잘해서 한국사람 같아요. Jenny speaks Korean so well as if she were Korean.

2. -처럼

명사에 붙어서 모양이나 동작이 같거나 비슷하여 닮음을 나타낸다. 조사 '-같이'로 대치할 수 있다.
This is attached to nouns to indicate that a form or action is the same or similar. It can be replaced with the postpositional form '-같이.'
(1) 은영 씨는 천사처럼 착해요. Eun-young is good-natured like an angel.
(2) 저도 선생님처럼 한국말을 잘하면 좋겠어요. I'd like to speak Korean fluently like my teacher.

3. -게

형용사 다음에 쓰여 문장에서 부사의 기능을 하며, 뒤에 오는 동사를 의미적으로 한정한다. 앞에 시제를 나타내는 어미가 올 수 없다.
This comes after adjectives to be used like an adverb in a sentence and limits the meaning of the verb. The suffix indicating tense cannot be attached to '-게'.
(1) 한국 사람들이 친절하게 말해요. Koreans speak very kindly.
(2) 얼굴이 인형처럼 예쁘게 생겼어요. Her face looks pretty like a doll.

LESSON 3
Travel <1>

1. -(으)ㄴ 적이 있다/ 없다

관형형 어미인 '-(으)ㄴ'에 의존명사 '적'이 붙음으로써, 과거의 경험을 나타낸다. '적' 대신에 '일'을 사용해도 된다. 특히 시도를 나타내는 '-어/아 보다'와 잘 결합하여, '-어/아 본 적이 있다'나 '-어/아 본 일이 있다'와 같이 종종 사용된다.
Depending noun '적' goes with the noun modifier ending '-(으)ㄴ' to show past experience. '적' can be replaced with '일'. It combines particularly well with '-어/아 보다' which means trials and is frequently used like '-어/아 본 적이 있다' or '-어/아 본 일이 있다'
(1) 한국에서 산에 가 본 적이 있어요? Have you ever been to the mountains in Korea?
(2) 아직 한국 영화를 본 적이 없어요. I have not seen any Korean movies yet.

2. -어/아지다

형용사의 어간 뒤에 붙어서 어떤 상태의 변화를 나타낸다.
This pattern is attached to an adjective stem to show a change of state.
(1) 요즘 지하철 요금이 비싸졌어요. The subway fare has become more expensive these days.
(2) 날씨가 추워지기 전에 우리도 단풍구경을 하러 갈까요? Why don't we go on an excursion for colored leaves before it gets cold?

LESSON 3
Travel <2>

1. -거나

연결어미로서 동사나 형용사 그리고 일부 '-이다'와 결합한다. '-거나' 앞에 '-었/았-'을 쓸 수 있으나 추정의 뜻을 가진 '-겠-'은 쓰지 않는다. 두 가지 이상의 행동, 상태, 존재를 나란히 나열하는 뜻을 나타낸다.
This conjunctive ending combines with verb, adjective or copula '-이다'. '-었/았-' can be used before '-거나' but '-겠-' which has the meaning of presumption is not used. It indicates the meaning of enumerating an action, state and existence of more than two.
(1) 여행사 버스를 이용하거나 기차를 탈 수 있어요. We can take either a tour bus or a train.
(2) 저는 주말에 보통 책을 읽거나 요리를 해요. I usually read a book or cook on weekends.

2. -어/아야 되다

연결어미 '-어/아야'와 보조동사 '되다'가 결합한 형태로서 동사, 형용사, '-이다'와 결합한다. 청유형과 명령형은 쓰지 않는다. 마땅히 그래야 하는 상황이나 당위성을 나타낸다.
This pattern is a combined form of conjunctive ending '-어/아야' and verb '되다' and it can combine with verbs, adjectives and copula be '-이다'. Suggestive and imperative form are not used. It expresses a situation which is should be done properly.
(1) 여행을 떠나기 전에 무엇을 사야 돼요? What do we have to buy before travelling?
(2) 주말에는 미리 예약을 하셔야 돼요. You have to make a reservation for weekends.

LESSON 4
Hobby <1>

1. ~ 때 / -(으)ㄹ 때 / -었/았을 때

관형형 어미 '-(으)ㄹ'에 명사 '때'가 결합한 형태로서, 어떤 행위나 상태의 시점을 말해 준다. 동사, 형용사, '-이다' 등의 형태와 결합할 수 있다. 과거 시제를 나타내는 '-었/았-'과 결합하기도 한다. 명사 '때'가 혼자 쓰이기도 한다.
Combination of noun modifier ending '-(으)ㄹ' with noun '때' speaks of one point of time when some action occurs or a state exists. It can combine with verbs and adjectives and '-이다'. It can also combine with '-었/았-' which shows the past tense. Noun '때' is sometimes used alone after noun.
(1) 방학 때 뭘 할 거예요? What are you going to do during your vacation?
(2) 다음에 산에 갈 때 같이 갑시다. Next time when you go to mountains, let's go together.
(3) 한국에 처음 왔을 때 기분이 좋았어요. When I came to Korea for the first time, I felt good.

2. -마다

명사 뒤에 붙어서 '빠짐없이, 모두'의 의미를 나타내는 보조사이다.
This marker comes after nouns and means 'all, without exception.'
(1) 저는 주말마다 등산을 하거나 낚시를 하러 가요. Every weekend, I go climbing or fishing.
(2) 시간이 있을 때마다 영화나 비디오를 봐요. Whenever I have free time, I watch movies or videos.

3. -(이)든지

의문사 뒤에 붙어서 어떤 것이든 가리지 않는다는 것을 의미한다. 앞의 의문사가 자음으로 끝나면 '-이든지'와 결합하고, 모음으로 끝나면 '-든지'와 결합한다.
This marker comes after a wh-interrogative and means 'all, without exception, whatever it may be'. When the interrogative ends in a consonant, use with '-이든지', and when the interrogative in a vowel, use '-든지'.
(1) 저는 어떤 영화든지 다 좋아해요. I like all kinds of movies.
(2) 무엇이든지 물어보세요. Ask me anything.

LESSON 4
Hobby <2>

1. -고 있다

연결어미 '-고'와 동사 '있다'가 결합한 보조동사이다. 동작의 진행을 나타내며, 과거의 진행을 나타내는 '-고 있었다'는 과거 한 시점에 일어난 일을 나타낼 때만 사용할 수 있다. 그밖에 착용동사와 결합하여 사용된다.
This form is a combination of conjunctive ending '-고' and verb '있다'. It indicates the progress of an action and '-고 있었다' which shows progress in the past can only be used when indicating something that happened in the past. Besides, it is used with the combination of the verbs which indicates the meaning of wearing something.
(1) 지금 책을 읽고 있어요. I am reading a book now.
(2) 아까 우리가 만났을 때 누구를 기다리고 있었어요? Whom were you waiting for when we met a moment ago?
(3) 제니 씨가 청바지하고 티셔츠를 입고 있어요. Jenny is wearing a t-shirt and blue jeans.

2. -(으)로 만들다

'-(으)로 만들다'는 재료 명사와 결합해서, 하나의 완성된 사물이나 음식의 원료를 나타낼 때 쓰인다. 앞의 명사가 모음이나 받침 'ㄹ'로 끝나면 '-로'를 쓰고 그밖의 자음으로 끝나면 '-으로'를 쓴다.
This pattern '-(으)로 만들다' combines with material nouns and indicates that one completed thing or food is made of some materials or ingredients. When the noun ends in a vowel or a consonant 'ㄹ', use '-로' and when it ends in other consonants, use '-으로'
(1) 이 음식은 무엇으로 만들었어요? What is this food made of?
(2) 떡은 쌀로 만들어요. Dduck (Korean cake) is made of rice.

LESSON 5
School Life <1>

1. -이/가 필요하다/ 필요없다

주격조사 '-이/가'와 형용사 '필요하다'가 결합한 형태로서, 주어의 필요성을 나타낸다. 부정형은 '-이/가 필요없다'이다.
This form is a combination of subjective marker '-이/가' and adjective '필요하다' and it indicates the necessity of the subject. The negative of this is '-이/가 필요없다'.
(1) 가: 학생증을 만들려고 하는데 무엇이 필요해요? What is necessary to make a student ID card?
나: 학생증을 만들려면 사진이 필요해요. You need a picture to make a student ID card.
(2) 가: 컴퓨터실을 이용하려고 하는데 학생증이 필요해요? Do I need a student ID card to use the computer lab?
나: 아니요, 학생증은 필요없어요. No, you don't need a student ID card.

2. -고 싶어하다

동사의 어간 뒤에 붙어서 3인칭 주어의 소망이나 바람을 표현한다. 주어가 1인칭이거나 2인칭 의문형일 때는 '-고 싶다'를 써야 한다.
This form attaches to verb stems and expresses the third-person subject's desire or wish. When the subject is the first-person (I, We) in declarative sentences or the second-person (you) in questions, use '-고 싶다'.
(1) 제 친구가 우리 학교에 입학하고 싶어해요. My friend wants to attend our school.
(2) 저는 컴퓨터를 배우고 싶은데 친구는 태권도를 배우고 싶어해요. I want to learn computer while my friend wants to learn Tae-Kwon-Do.

LESSON 5
School Life<2>

1. ~ 때문에 / -기 때문에 / -었/았기 때문에

선행문이 후행문의 이유를 나타낸다. 이유를 나타내는 연결어미 '-(으)니까, -어/아서'에 비하여 의미가 더 강하다. 명사와 결합하여 '명사+때문에'로 쓰이며 동사와 결합하는 경우에는 '-기 때문에'로 쓰인다. 과거시제를 나타내는 '-었/았-'과 결합할 수 있으며, '왜냐하면 -기 때문이다'의 형태로도 쓰인다.

The first clause of the sentence indicates the reason of the second clause. It's stronger in meaning than the conjunctive ending '-(으)니까, -어/아서'. When it combines with a noun, it is used as 'noun+ 때문에' and when it combines with verb, it's used as '-기 때문에.' It can combine with '-었/았-' which indicates past tense, and is also used in the form of '왜냐하면 -기 때문이다'.

(1) 교통사고 때문에 늦었어요. I was late because of a car accident.
(2) 집이 멀기 때문에 좀 불편해요. It's inconvenient a little because my house is so far away.
(3) 지금 방학이기 때문에 학교에 안 가요. We don't go to school because it's the vacation period.
(4) 저는 오늘 지각했어요. 왜냐하면 지하철이 늦게 왔기 때문이에요. I was late today because the subway came late.

2. -지 그래요? / -지 그랬어요?

의문형으로 쓰여서 화자가 청자에게 자신의 의견을 완곡하게 제시할 때 사용한다. 특히 '-지 그랬어요?'는 화자가 청자의 과거 행동에 대해 그렇게 안 했으면 좋았다는 것을 말할 때 쓴다.

It is used in a interrogative form so that the speaker can present his opinion indirectly to the listener. Especially, '-지 그랬어요?' means that the speaker did not want the listener to have done something in the past.

(1) 학교에서 가까운 곳으로 이사하지 그래요? Why don't you move somewhere close to school?
(2) 좀 더 열심히 공부하지 그랬어요? Why should you have studied harder?

LESSON 6
Examination <1>

1. 반말

한국어에서는 청자와 화자의 나이, 사회적 지위, 관계 등에 따라 다양한 층위의 문장 종결어미가 있다. 반말은 일반적으로 친구나 나이가 어린 사람, 지위가 낮은 사람에게 쓰는 말로 격식체와 비격식체가 있다. 격식체의 경우 화자와 청자의 연령, 성별에 따라 제한을 받는 경우가 많으나 비격식체는 비교적 제한이 없이 쓰인다.

In Korean, there are a variety of sentence final endings according to the age, social status and relationship between speaker and listener. 반말 has formal form and informal form which are used to friends or youngsters. Formal form has limits according to the gender or age of speaker and listener but informal form is used with relatively weaker limits.

<table>
<tr><th colspan="2"></th><th>서술문(Declarative)</th><th>의문문(Interrogative)</th><th>명령문(Imperative)</th><th>청유문(Suggestion)</th><th>감탄문(Exclamation)</th></tr>
<tr><td rowspan="2">격식체
(Formal Style)</td><td>높임말</td><td>-ㅂ니다
-습니다</td><td>-ㅂ니까?
-습니까?</td><td>-(으)십시오</td><td>-(으)ㅂ시다</td><td></td></tr>
<tr><td>반말</td><td>(1) -다
-ㄴ/는다</td><td>(2) -니/으니?
-냐/으냐?
-니/냐/느냐?</td><td>(3) -어/아라</td><td>(4) -자</td><td>(5) -구나
-는구나</td></tr>
<tr><td rowspan="4">비격식체
(Informal Style)</td><td rowspan="2">높임말</td><td colspan="4">-어/아요</td><td rowspan="2">-군요
-는군요</td></tr>
<tr><td colspan="4">-이에요/예요</td></tr>
<tr><td rowspan="2">반말</td><td colspan="4">(1)(2)(3)(4) -어/아</td><td rowspan="2">(5) -군
-는군</td></tr>
<tr><td colspan="4">(1) -(이)야</td></tr>
</table>

(1) 오랜만이다. 생일 축하한다. (오랜만이야. 생일 축하해.) I haven't seen you for a long time, happy birthday.
(2) 시험 공부 많이 했니?/했냐? (시험 공부 많이 했어?) Did you study too hard for an exam?

(3) 시험 잘 봐라. (시험 잘 봐.) Good luck with your exam.
(4) 이따가 3시에 만나자. (이따가 3시에 만나.) I'll see you at 3 o'clock.
(5) 요즘 열심히 공부하는구나. (요즘 열심히 공부하는군.) You are studying hard these days!

2. -을/를 위해서 / -기 위해서

'-기 위해서' 앞에 나오는 동사는 후행절에 나타나는 행위의 목적을 나타낸다. 반드시 동사와 결합하여야 하며, 선행절의 주어와 후행절의 주어는 항상 일치해야 한다. '위해서'가 명사와 결합하는 경우에는 목적격 조사인 '-을/를'을 취하게 된다.
The verb that comes before '-기 위해서' indicates the purpose of the action that comes in the latter part of the sentence. It must combine with a verb and first subject and the latter subject should be the same. When combining with a noun it is used with '-을/를' which is an object marker.
(1) 행복한 미래를 위해서 우리 열심히 공부하자. Let's study for a happy life.
(2) 나는 한국어를 공부하기 위해서 한국에 왔어. I came to Korea in order to study Korean.

LESSON 6

Examination <2>

1. -에 가는 길이다 / -에 가는 길에

'-에 가는 도중'의 뜻으로 쓴다.
It is used as a meaning of 'on one's way to'.
(1) 시험 공부하러 도서관에 가는 길이야. I am on my way to the library to study for an exam.
(2) 집에 가는 길에 도서관에 들러서 책을 빌릴 거야. On my way home, I will stop by the library to borrow some books.

2. -(으)ㄴ/는/(으)ㄹ 모양이다

화자가 사물의 모양을 보고 객관적인 입장에서 추측하여 말할 때 쓴다. 그러므로 1인칭 주어는 쓸 수 없다. '모양이다' 앞에 형용사나 '-이다'가 올 때는 '-ㄴ/은'과 결합해서 쓰이며 동사가 올 때는 시제에 따라 과거이면 '-ㄴ/은', 현재이면 '-는', 미래이면 '-ㄹ/을'과 함께 결합해서 쓰인다. '-있다/없다'의 경우는 '-는'과 함께 결합해서 쓰인다.
This form is used when the speaker guesses something from a shape or appearance from an objective view. Therefore, the first-person subject cannot be used. When an adjective or '-이다' comes before '모양이다', it is combined with '-ㄴ/은'. When the verb comes in the past tense, then use '-ㄴ/은'. If the verb comes in the present form, then use '-는' and if it's in the future form, then use '-ㄹ/을'. In case of '-있다/없다', '-는' is combined with '-모양이다'.
(1) 제니 씨가 성적이 좋은 모양이야. Jenny seems to be very good in her school records.
(2) 한솔 씨가 화가 난 모양이야. It seems that Han-sol was angry.
(3) 은영 씨가 지금 방에서 자는 모양이야. Eun-young seems to sleep in a room.
(4) 마이클 씨가 고향에 안 갈 모양이에요. Michael doesn't appear to be going to his hometown.
(5) 은영 씨가 집에 없는 모양이에요. Eun-young seems to be out.

LESSON 7

Meeting <1>

1. ~ 중에서 제일 / -에서 제일

여러 사람이나 사물 가운데에서 정도가 가장 큰 것을 나타내며, '~ 중에서' 앞에는 명사가 온다. 그리고 '제일' 뒤에는 보통 형용사나 동사가 온다. 앞에 나오는 명사가 여러 개의 명사를 포함할 때는 '~ 중에서'를 사용하며 하나의 명사를 나타낼 때는 '-에서'를 사용한다.
This pattern indicates the biggest proportion among many people or things. Noun comes before '~ 중에서' and adjective or verb usually comes after '제일'. If the noun includes many nouns in the subdivision, use '~ 중에서' and if not, use '-에서'.
(1) 우리 반 학생들 중에서 누가 제일 키가 커? Who is tallest among our classmates?
(2) 세상에서 제일 사랑하는 사람은 우리 가족들이에요. I love my family most in the world.

2. ~ 만에

시간을 나타내는 명사와 조사 '-에'가 결합한 형태로서, 어떤 일이 일어난 지 얼마 후에 다른 일이 일어남을 나타낸다. '만에' 다음에는 서술어로 동사가 오는데, 특별히 '끝나다', '끝내다', '다 하다' 등의 동사와 결합할 때는 걸리는 시간을 나타내기도 한다.

This form is a combination of noun which indicates time and '-에'. It expresses something happened after a certain span of time. A verb comes after '만에' as a predicate. When '만에' is combined with verbs like '끝나다', '끝내다' and '다 하다', it indicates the time taken.

(1) 졸업하고 딱 10년 만에 만났어요. It's been just 10 years to meet him again since graduation.
(2) 숙제를 한 시간 만에 다 끝냈어요. I finished my homework in an hour.
(3) 일주일 만에 청소했는데 청소를 30분 만에 다 끝냈어요. It's been a week since I cleaned but it only took me half an hour to finish cleaning my room.

LESSON 7
Meeting <2>

1. -어/아서 그렇다 / -어/아서 그랬다

이유를 나타내는 연결어미 '-어/아서'와 '그렇다'가 결합한 형태로 상대방의 말에 그 원인이나 이유를 들어 대답할 때 쓰인다. '그렇다'는 상대방의 질문 내용을 반복하지 않고 대신하여 쓰는 말이다. 현재의 일에 대한 이유를 나타낼 때는 '그렇다'를 쓰고 과거의 일에 대한 변명을 나타낼 때는 '그랬다'를 쓴다.

This form is the combination of a conjunctive ending '-어/아서' and '그렇다.' It is used to answer with the reason to the question. '그렇다' is used to replace what was questioned to the listener without repetition. If it indicates the reason regarding the thing happening at present, '그렇다' is used and if it indicates the reason regarding the thing which happened in the past, '그랬다' is used.

(1) 가: 왜 점심을 안 먹어요? Why don't you have lunch?
나: 배가 불러서 그래요. (=안 먹어요.) I am full., (so I can't eat more.)
(2) 가: 왜 남자친구하고 헤어졌어? Why did you break up?
나: 성격이 너무 안 맞아서 그랬어. (=헤어졌어.) Because we had different personalities.

2. -보다 더 ~

'-보다'는 비교의 대상이 되는 명사에 붙어서 두 사물을 비교하기 위해 쓰인다. '더', '더욱', '훨씬' 등의 부사가 자주 나타나기도 한다.

'-보다' is used with comparing noun to compare two objects. Adverbs like '더', '더욱', '훨씬' are frequently used together.

(1) 러시아 어가 한국어보다 더 어려워요. Russian is more difficult than Korean to learn.
(2) 건강보다 더 중요한 것은 없어요. Nothing is more important than health.

LESSON 8
Post Office <1>

1. -기로 하다

어떤 일을 약속하거나 결정할 때 혹은 결심할 때 쓰며, 좀 더 구체적으로 '-기로 약속하다/결정하다/결심하다'로 쓰기도 한다.

This form is used to make a promise or decide something. '-기로 약속하다/결정하다/결심하다' are also used to say more specifically.

(1) 편지를 내일까지 보내 주기로 (약속)했어요. I promised to send the mail by tomorrow.
(2) 공부가 끝난 후에 대학교에 입학하기로 (결정)했어요. I decided to attend college after studying.
(3) 오늘부터 열심히 공부하기로 (결심)했어요. I made a resolution to study hard from today.

2. -(으)로

명사에 붙어서 부사어를 만드는 조사이며, 선택되는 대상에 붙어 '-을/를 (골라서)'의 뜻으로 쓰인다.

This marker is attached to a noun to become an adverb, which indicates the object selected among some candidates.

(1) 선물을 소포로 보내 주세요. Please send me the gift by parcel (post).

(2) 국내특급우편으로 보내면 내일까지 도착할 거예요. If you send it by domestic express mail, it should arrive by tomorrow.

3. -(으)ㄹ 필요가 있다/ 없다

'-(으)ㄹ 필요가 있다'는 동사에 관형형 어미 '-(으)ㄹ'이 결합하여 그 행위의 필요성 유무를 나타낸다. 의문형으로 많이 쓰이며 어떤 상황이나 일에 대한 회의나 이의 제기를 할 때 사용한다. 서술문으로 쓰일 때는 '-(으)ㄹ 필요가 없다'와 같이 부정형으로 쓰이는 것이 일반적이다.

'-(으)ㄹ 필요가 있다' is attached to the verb stem to indicate the necessity of that action. This form is frequently used in interrogative forms to give challenges with skeptical view. In declarative sentences, it is generally used in negative form, which is '-(으)ㄹ 필요가 없다'

(1) 결혼을 할 필요가 있을까요? Does it need to marry?

(2) 중요한 서류가 아니니까 등기우편으로 부칠 필요가 없어요. Because it's not an important document, it doesn't need to be sent as registered mail.

LESSON 8
Post Office <2>

1. -이/가 아니라

주어 명사구와 '아니다'의 어간에 연결어미 '-라'가 붙은 '아니라'가 결합한 형태로서, '-이/가 아니라 -(이)다'의 문장형식을 쓴다. 선행절과 후행절의 내용이 서로 대칭이 되며 '-라'는 선행절이 후행절과 관련이 있음을 나타낸다.

This form is used as a pattern of 'A -이/가 아니라 B (이)다,' which means 'not A but B'. In this case, the former part of the sentence is in contrast to the latter part of the sentence.

(1) 이것은 편지지가 아니라 편지봉투예요. This is not a letter pad but an envelope.

(2) 이번 주 일요일이 아니라 다음 주 일요일이에요. It's not this Sunday but next Sunday.

2. -어/아하다

상태를 나타내는 형용사에 '-어/아하다'가 결합하여 형용사를 동사로 만든다. 이때 동사는 화자의 감정이나 심리상태를 나타내며 3인칭 주어와 함께 사용된다.

'-어/아하다' combines with an adjective which represents state to make the adjective into a verb. In this case, the subject should be the third-person and the verb expresses his/her emotion or the state of mind.

(1) 한국말로 쓰면 선배 언니가 더 기뻐할 거예요. My sister will be more pleased if I write in Korean.

(2) 결혼을 할 때 친구가 아주 행복해했어요. She was very happy when she was getting married.

(3) 제가 숙제를 도와줘서 친구가 고마워했어요. My friend thanked me for helping her homework.

3. -기(를) 바라다

동사에 붙어 바라는 바를 나타낼 때 쓰는 표현이다. 가끔 '건강하다', '행복하다' 등의 형용사에 붙어 쓰이기도 하며 '-를'이 생략되기도 한다.

This form attaches to the verb stem to indicate what we hope. It is sometimes used with adjectives like 'healthy(건강하다)', 'happy (행복하다)' and sometimes leaves out '-를'.

(1) 오늘 재미있게 지내기를 바랍니다. I hope that you have fun today!

(2) 항상 건강하시기를 바랍니다. I hope that you are always healthy!

(3) 조심해서 운전하시기 바랍니다. Please drive carefully!

LESSON 9
Health <1>

1. -(으)로

원인, 이유, 근거가 되는 말에 붙어 '-이/가 원인이 되어'의 뜻을 가진다.

This form is attached to noun to indicate that the noun is the reason or cause for something, especially illness or death.
(1) 요즘 감기로 고생하는 사람이 아주 많아. Lots of people are suffering from a cold nowadays.
(2) 할아버지께서 지난 달에 암으로 돌아가셨어요. Grandfather passed away because of cancer last month.

2. -이/가 -에 좋다/ 나쁘다 / -는 것이 -에 좋다/ 나쁘다

주어가 뒤에 오는 대상에 좋은지 나쁜지를 나타낼 때 사용하는 문형이다. '-에'는 대상이 되는 명사와 결합하는데 문장의 앞에 나올 때는 '-는'과 결합하여 쓰인다. 주어에 명사가 올 때는 '-이/가'가 쓰이고 동사가 올 때는 '-는 것이'가 쓰인다.
This form is used when the speaker tells whether the subject is good or bad for something. '-에' combines with an target noun but when it comes at the beginning of the sentence it combines with the topic marker '-는'. When the subject is a noun, '-이/가' is chosen and if it's a verbal phrase, '-는 것이' is chosen.
(1) 마늘이 건강에 좋아요. Garlic is good for your health.
(2) 감기에는 약 먹고 푹 쉬는 것이 좋아요. For a cold, it is good to take medicine and take a rest well.
(3) 담배를 피우는 것이 건강에 나빠요. Smoking is bad for your health.

3. 'ㅅ' 불규칙동사

'낫다', '붓다' 등 어간에 'ㅅ' 받침이 있는 동사 혹은 형용사는 모음 앞에서 'ㅅ'이 떨어진다.
Verb stems or adjective stems ending in consonant 'ㅅ' drops 'ㅅ' when followed by an ending beginning with a vowel.
(1) 눈병이 다 나았어요. My eye infection is completely cured.
(2) 병원에 가서 주사를 맞으면 나을 거야. I will be okay after getting a shot from hospital.

LESSON 9
Health <2>

1. 피동사 (-이/히/리/기-/ -어/아지다)

피동사는 타동사에 접사 '-이/히/리/기-'를 붙이거나 '-어/아지다'를 붙여서 만드는데 이때 타동사의 목적어는 피동사의 주어로 바뀐다. 피동형은 주어의 행동과 동작보다는 그 행동으로 인하여 영향을 받아서 생긴 상황이나 결과를 나타낼 때 쓰인다. 모든 동사를 피동형으로 만들 수 있는 것도 아니고 접사 선택도 일정한 규칙이 있다고 볼 수 없으므로 보통 어휘화된 형태로 받아들여진다.
The passive verb is the combination of a transitive verb and '-이/히/리/기-' or '-어/아지다', which makes intransitive one. It is used to focus on the result or the effect by the action not on the subject's action. Not all the verbs have passive forms and the choice of a passive-forming suffix is not regular, so they are generally accepted as lexical forms.

피동접사 (passive suffix)	기본 동사 (regular verb)	피동사 (passive verb)	예 문 (Examples)
-이-	보다	보이다	안경을 써서 칠판 글씨가 잘 보여요. The characters on the board is seen well because I wear glasses.
-히-	닫다	닫히다	약국 문이 몇 시에 닫혀요? What time is the Pharmacy closed?
-리-	열다	열리다	창문이 열려서 방이 추워요. The room is cold because window is open.
-기-	끊다	끊기다	엘리베이터에서 휴대폰이 끊겼어요. My phone went off in the elevator.
-어/아지다	끄다	꺼지다	바람이 불어서 촛불이 꺼졌어요. The candle went out because of the wind.

2. -(으)면 -(으)ㄹ 텐데

'-(으)면'은 조건을 나타내는 연결어미로 선행절은 후행절에 대하여 가정적 조건을 나타낸다. 또한 이것과 결합하는 '-(으)ㄹ 텐데'는 동사, 형용사, '-이다'와 결합하며 앞으로의 소망을 나타낸다. 주어가 1인칭인 경우 '-었/았-'과 결합하면 과거에 대한 후회를 나타낸다. '-(으)면'은 '-겠-'과 함께 쓰이지 않는다.
'-(으)면' is conjunctive ending which indicates condition and it expresses the opposite assumption to the present situation. It goes with '-(으)ㄹ 텐데' which is attached to verbs, adjectives and '-이다', to express desire or wish. When the subject of the sentence is the first-person, '-었/았으면 -었/았을 텐데', indicates regret about the past by supposing the opposite of the past situation. '-(으)면'

does not go with '-겠-.'
(1) 제니 씨가 감기가 빨리 나으면 좋을 텐데……. It would be great if Jenny gets over the cold.
(2) 제니 씨가 안 바쁘면 같이 영화를 보러 갈 텐데……. If Jenny were not busy, I would go and watch a movie with her.
(3) 아이스크림을 많이 안 먹었으면 배탈이 안 났을 텐데……. If I had not eaten too much icecream, I wouldn't have got a stomachache.

LESSON 10
Weather <1>

1. -(으)ㄹ 뻔했다

조금만 잘못했으면 그와 같은 상태가 되었을 것인데 다행히 그렇게 되지 않았음을 나타낸다. '죽다, 다치다' 등과 같은 부정적인 의미의 동사와 자주 결합해서 쓰인다.
This pattern indicates that something almost happened but fortunately did not. It usually combines with verbs with a negative meaning like 'die (죽다)', 'hurt (다치다)'.
(1) 눈 때문에 길이 막혀서 지각할 뻔했어요. I was almost late because of traffic congestion caused by the snow.
(2) 교통사고가 나서 죽을 뻔했어요. I almost died from the car accident.

2. -다가

선행 동사의 동작이 상황이 중단되거나, 전환을 하는 경우에 사용하는 연결어미로 동사와 결합한다. 선행절과 후행절의 주어가 같아야 한다.
This is a conjunctive ending used when the verb's action or situation is stopped or conversed. It usually combines with the verb and the subject of the first and the second clause should be the same.
(1) 은행에 가다가 비를 많이 맞았어요. I was soaked in rain on my way to the bank.
(2) 수영하다가 물에 빠져서 죽을 뻔했어요. I almost drowned while swimming
(3) 오전에는 맑다가 오후부터 흐려지겠습니다. It's clear in the morning but it will be getting cloudy in the afternoon.

LESSON 10
Weather <2>

1. -다고 하다 / -(이)라고 하다 / -냐고 하다 / -(으)라고 하다 / -자고 하다

다른 사람한테 들은 말을 간접적으로 인용하여 전달하는 구문으로 간접화법이라고 한다. 간접화법의 종결어미는 아주 낮춤을 나타내는 서술형 종결어미, '-(ㄴ/는)다', 의문형 종결어미 '-냐', 청유형 종결어미 '-자', 명령형 종결어미 '-라'에 '-고 (말)하다'를 붙여서 쓴다. '-(으)라고 하다'의 경우 '-라고'는 받침이 없는 동사와 'ㄹ'받침으로 끝나는 동사에 쓰이며. '-으라고'는 받침이 있는 동사에 쓰인다.
Indirect narrative is used when we tell or deliver what another person said to others. According to the sentence types to be said, declarative final ending '-(ㄴ/는)다', interrogative final ending '-냐', suggestive final ending '-자', imperative final ending '-라' can be attached to '-고 (말)하다'. In case of '-(으)라고 하다', when the verb ends in vowel or consonant 'ㄹ', use '-라고' and when the verb ends in other consonants, use '-으라고'.

	서술문 (Declarative)	의문문 (Interrogative)	명령문 (Imperative)	청유문 (Suggestion)	
형용사 (Adjective)	(1) -다고	(4) -(으)냐고			+ (말)하다
동사 (Verb)	(2) -ㄴ/는다고	-(느)냐고	(5) -(으)라고	(6) -자고	
명사 (Noun)	(3) -(이)라고	-(이)냐고			

(1) 일기예보에서 오늘은 날씨가 맑다고 했어요. The weather forecaster said that it is fine today.
(2) 일기예보에서 오늘밤에 비가 온다고 했어요. The weather forecaster said that it will be rainy tonight.
(3) 은영 씨가 제일 좋아하는 계절은 봄이라고 했어요. Eun-young said that she likes Spring most.
(4) 한솔 씨가 지금 밖의 날씨가 어떠냐고 했어요. Han-sol asked me what the weather is like outside.
(5) 친구가 날씨가 추우니까 감기 조심하라고 했어요. My friend told me to be careful not to catch a cold because it's very cold.

(6) 동생이 비가 오니까 우산을 사자고 했어요. My brother said that we should buy umbrellas because it's raining.

LESSON 11

Telephone <1>

1. –(이)라고 하다

어떤 사람과 사물의 이름이나 의미를 소개할 때 사용하는 어미로 명사와 결합한다. 받침이 있는 명사는 '-이라고 하다'와 결합하고 받침이 없는 명사는 '-라고 하다'와 결합한다.

It is used to introduce the name of a person or the definition of an object. It combines with the noun. When the noun ends in a consonant, use '-이라고 하다' and when the noun ends in a vowel, use '-라고 하다'.

(1) 저는 김성수라고 합니다. I am Kim, Seong-su.

(2) 이것을 한국말로 '휴대폰'이라고 해요. This is called 'Hyu-dae-phone' in Korean.

2. –다고요?

상대방의 말을 듣고 그 말을 다시 반복하여 질문하는 구문으로, 간접화법의 형태에 의문종결어미 '-요'가 결합하여 '-(ㄴ/는)다고요?', '-(이)라고요?', '-(느/으)냐고요?', '-(으)라고요?', '-자고요?'의 형식으로 쓰인다. 다른 사람에게 들은 말을 그 자리에서 다시 확실하게 확인하는 경우와 들은 말이 의외여서 놀란 경우에 쓰인다.

This pattern is used to repeat what someone heard in a question form. According to the sentence types which he/she heard, it can be used as '-(ㄴ/는)다고요?', '-(이)라고요?', '-(느/으)냐고요?', '-(으)라고요?', '-자고요?' It is used in order to check again what he/she heard and to ask again because he/she is surprised.

(1) 가: 12시에 만나자고 전해 주세요. Please tell him to meet me at 12.
나: 12시에 만나자고요? 네, 전해 드리겠습니다. You want to meet him at 12? Yes, I will tell him.

(2) 가: 오늘 저녁 모임이 취소되었어요. Today's dinner has been cancelled.
나: 뭐라고요? 오늘 저녁 모임이 취소되었다고요? What? Today's dinner has been cancelled??

LESSON 11

Telephone <2>

1. –을/를 달라고(주라고) 하다 / –어/아 달라고(주라고) 하다

동사 '주다'는 목적어를 받는 대상이 누구냐에 따라서 간접화법 구문에서 사용하는 동사가 달라진다. 목적어를 받는 대상이 1인칭이면 동사는 '달라고 하다'가 되고 대상이 3인칭이면 동사는 '주라고 하다'가 된다. 다시 말하면 화자 자신이 어떤 사물이 필요할 경우에는 '달라고 하다'를 쓰고 제 3자가 필요로 하는 경우에는 '주라고 하다'를 쓴다.

'-을/를 달라고 하다' indicates the meaning of 'give me something' in case that the narrator himself/herself needs to get the object. In case that the third person wants to get the object, '-을/를 주라고 하다' is used as a meaning of 'give him/her something.'

(1) 은영 씨가 저한테 그 책을 빨리 달라고 했어요. Eun-young told me to give her book as early as possible.

(2) 은영 씨가 저한테 그 책을 마이클 씨한테 주라고 했어요. Eun-young told me to give the book to Michael.

(3) 어머니께서 저한테 청소를 도와 달라고 했어요. My mom told me to help her with the cleaning.

(4) 어머니께서 저한테 동생한테 컴퓨터를 가르쳐 주라고 했어요. My mom told me to teach computer to my brother.

2. 한 ~도

최소의 수량으로 비교함으로써 강조하는 표현이다. 정도를 나타내는 말에 붙어서 그 정도가 기대보다 적음을 나타낸다. 다음에는 '안, 못, 없다, 모르다' 등의 부정 표현이 따른다.

This is an expression of emphasis by comparing with the least quantity. It goes after a counting unit to indicate that the proportion is less than our expectation. In this case, negative expressions like '안, 못, 없다, 모르다' should go after this form.

(1) 한국 요리를 한 번도 해 본 적이 없어요. I have never cooked Korean food before.

(2) 오늘 전화가 한 통도 안 왔어요. Not a single call came today.

LESSON 12
Living in Korea <1>

1. -(으)ㄹ 줄 알다/ 모르다

어떤 행위의 방법을 아는지 모르는지, 또는 능력이 있는지 없는지를 나타낸다. 이때는 동사하고만 어울리며, 관형사형 어미는 '-(으)ㄹ' 만 쓸 수 있다.

This pattern indicates whether the subject knows how to do something from learning or not. In this case it only goes with verb and '-(으)ㄹ' is attached to the verb.

(1) 저는 자전거를 탈 줄 알아요. I know how to ride a bicycle.

(2) 처음 한국에 왔을 때는 매운 음식을 먹을 줄 몰랐는데 지금은 잘 먹어요. When I came to Korea for the first time, I could not eat hot food but now I can.

2. -지요

의문문으로 사용할 때는 부드럽고 친근하게 상대방의 의견을 묻는 어미로 쓰이며, 서술문으로 사용할 때는 당연히 그러함을 나타내는 어미로 쓰인다.

This final ending is used in interrogative form to ask listener's opinion in a friendly way and when it's used in declarative sentences it means 'Of course'.

(1) 가: 이번 학기 한국어 공부가 재미있지요? This semester's Korean class is fun, isn't it?
나: 물론이지요. Of course.

(2) 가: 우리 학교에서 얼마 동안 공부하셨지요? How long have you studied in our school?
나: 6개월 동안 공부했어요. For six months.

(3) 가: 시험을 잘 보려면 어떻게 해야 하지요? How can I get a good grade from the exam?
나: 날마다 열심히 공부해야지요. Of course, you have to study hard everyday.

LESSON 12
Living in Korea <2>

1. -(이)나?

수량을 물어볼 때 사용하는 구문인 '몇+ (단위명사)' 뒤에 붙어 의문문을 만든다. 정확한 대답을 요구하지 않는 질문을 할 때 쓰인다.

It goes after '몇+ (counting unit) ?' which asks for quantity to make questions. It is used in a small talk to ask not for an exact answer but for a rough answer.

(1) 가: 한국에서 한 달에 식비가 얼마나 들어요? How much do you pay for food a month?
나: 30만 원쯤 들어요. About 300,000 won.

(2) 가: 하루에 커피를 몇 잔이나 마셔요? How many cups of coffee do you have?
나: 보통 세 잔쯤 마셔요. About three cups.

2. -(으)ㄴ/는/(으)ㄹ 것 같다

동작이나 상태에 대한 화자의 추측 또는 불확실한 단정을 나타낸다. 동사, 형용사, '-이다'에 붙어서 쓰인다.

This pattern expresses the speaker's guess or an uncertain opinion about an action or a state. It attaches to verbs, adjectives and '-이다'.

(1) 한국 사람들이 다른 나라 사람들보다 친절한 것 같아요. Koreans seems to be friendlier than other foreigners.

(2) 친구들 중에서 누가 아침을 안 먹은 것 같아요? Who do you think did not have breakfast?

(3) 제 생각에는 두 사람이 서로 사랑하는 것 같아요. In my opinion, they seems to love each other.

(4) 3년쯤 공부하면 한국 사람처럼 한국말을 잘 할 수 있을 것 같아요. If I study for about three years, I will be able to speak Korean just like native Koreans do.

(5) 세상에서 제일 어려운 말은 한국말인 것 같아요. Korean seems to be the hardest language to learn in the world.

LESSON 13
Moving <1>

1. -부터

어떤 행동이나 대상을 '시작으로 하여'의 뜻이며, 그 다음에 다른 행동이 있을 것을 암시한다. 이때 결합하는 명사는 시간을 나타내는 명사가 아니다. '우선, 먼저' 등과 함께 쓰이기도 한다.

'-부터' means "starting from some action" implying that the next action will come. In this case, the noun in a clause which combines with '-부터' does not indicate time. It is also used with '우선, 먼저'.

(1) 이사하려면 먼저 이사할 집부터 찾아야 돼요. We have to find a house first in order to move in.

(2) 짐이 많으니까 이삿짐센터에 전화부터 하세요. Because we have a lot of stuff, call the moving agency first.

2. -(으)면 안 될까요?

어려운 부탁을 할 때 쓰며 조심스럽게 상대방의 의향을 묻는 구문으로 동사의 어간에 붙는다.

This form is used when asking for a favor; it attaches to verb stem to ask the other person's intention very carefully.

(1) 이삿짐을 좀 싸 주시면 안 될까요? I'm sorry, but can you please pack our stuff?

(2) 빈 자리가 없는데 옆 자리에 앉으면 안 될까요? I'm afraid that there are no seats available. Can I sit next to you?

LESSON 13
Moving <2>

1. -네요

말하는 사람이 직접 경험하여 새롭게 알게 된 사실을 감탄하여 말할 때 쓴다.

This sentence-final verb ending is used when a speaker tells exclamation about a fact he recognized from his own experience at the moment.

(1) 방이 넓고 좋네요. The room is large and good.

(2) 아래층에 가게가 있어서 시끄럽겠네요. Because there is a store below, it must be noisy.

2. -(으)ㄴ/는/(으)ㄹ지 알다/ 모르다

어떤 질문에 대해 알고 모름을 나타낼 때 사용하는 구문이다. 그 의문문에 나오는 서술어의 종류와 시제에 따라 '-(으)ㄴ/는/(으)ㄹ'이 선택되고 여기에 접속어미 '-지'와 '알다/ 모르다/ 궁금하다'가 붙어서 만들어진다. 의문사가 없는 의문문의 경우에는 대립이 되는 한 쌍의 질문이 함께 쓰인다.

This pattern is used when the speaker knows or doesn't know about a specific question. Choose one of '-(으)ㄴ/는/(으)ㄹ' according to the kind and tense of predicate, and attach conjunctive ending '-지' and '알다/ 모르다/ 궁금하다.' In the case of 'yes-no' questions without a wh-word, opposite questions are used together.

서술어 (Predicative)	문형 (Form)	예문 (Examples)
형용사 (Adjective)	-(으)ㄴ지	제니 씨가 요즘 무엇 때문에 바쁜지 알아요? Do you know why Jenny is so busy these days?
	-었/았는지	은영 씨가 어제 왜 기분이 나빴는지 궁금해요. I wonder why Eun-young was upset yesterday.
	-(으)ㄹ지	내일 날씨가 맑을지 흐릴지 모르겠어요. I don't know whether tomorrow will be good or cloudy.
동사 (Verb)	-는지	한솔 씨가 어떤 사람을 좋아하는지 알고 싶어요. I want to know whom Han-sol likes.
	-었/았는지	마이클 씨가 어디로 이사했는지 알아요? Do you know where Michael moved to?
	-(으)ㄹ지	이사하는 날 누가 와서 도와줄지 모르겠어요. I don't know who will help on the moving day.
-이다	-(이)ㄴ지	마이클 씨 생일이 언제인지 몰라요. I don't know when Michael's birthday is.
있다/없다	-는지	지금 주인이 집에 있는지 없는지 궁금해요. I wonder if the landlord is at home or not.

LESSON 14
Holiday <1>

1. -이/가 되다 / -이/가 -이/가 되다

주어가 무엇으로 변함을 나타내며, 서술어 '되다' 앞에는 보통 '-이/가'를 쓴다.
This pattern expresses that the subject changes into something, and '-이/가' is usually used before predicative '되다.'
(1) 봄이 되어서 날씨가 따뜻하네요. Since spring has come, the weather is warm.
(2) 우리 집 강아지가 큰 개가 되었어요. Our puppy became a big dog.

2. -었/았다가

동사의 어간에 붙어서 그 행위가 일어난 후에 연이어 다른 행위가 일어남을 나타내며 보통 반대의 행위를 쓴다.
This form is attached to an action verb stem to indicate that another action happened right after the action, where usually those two actions are opposite with nullifying effect.
(1) 극장에 갔다가 표가 없어서 다시 집으로 왔어요. I went to the theater but came back because there were no tickets.
(2) 창문을 열었다가 추워서 다시 닫았어요. I opened the window but closed it again because it was cold.

3. 하도 -어/아서

어떤 일에 대한 원인을 나타낼 때 쓰이며, '하도'는 '매우'와 의미가 같으나 항상 연결어미와 함께 쓰인다.
This form is used to indicate the cause of an event. '하도' means the same as '매우' but it is always used with a conjunctive ending.
(1) 하도 집이 멀어서 이사를 했어요. As my house was too far away, I moved.
(2) 놀러 갔다가 하도 사람이 많아서 일찍 왔어요. As there were so many people, I came back from picnic early.

LESSON 14
Holiday <1>

1. -어/아 가지고

연결어미 '-어/아서'의 의미를 강조하여 나타내는 표현이다. 이유나 원인을 나타내는 '-어/아서'와 동작이 시간적 순서로 이어짐을 나타내는 '-어/아서'를 모두 '-어/아 가지고'로 바꿀 수 있는데 보통 구어체에서 많이 쓰인다. 이때 '가지고'는 앞의 상태나 동작에 대한 보유의 뜻을 강하게 나타낸다.
This form is used to emphasize the meaning of conjuctive ending '-어/아서'. '-어/아서' which indicates both reason or cause and time order can be replaced with '-어/아 가지고'. This form is usually used in spoken language. In this case '가지고' indicates the meaning of keeping a state or action.
(1) 하도 심심해 가지고 친구를 만나서 영화를 봤어요. I was so bored that I met my friends and watched movies.
(2) 어린이날 선물을 사 가지고 조카들한테 가야 돼요. I have to buy gifts and go to my nephews on Children's day.

2. -(이)나

수량을 나타내는 명사 혹은 단위명사에 붙어 수량이 예상되는 정도를 넘었거나 아주 많음을 나타낼 때 쓴다.
This marker is attached to a noun which indicates quantity or counting unit noun, to express that the quantity is much more than the speaker expected.
(1) 가: 저는 하루에 커피를 다섯 잔쯤 마셔요. I have about 5 cups of coffee a day.
나: 다섯 잔이나 마셔요? 정말 많이 마시는군요. Wow, 5 cups? You have a lot.
(2) 한솔 씨는 월급을 300만 원이나 받아요. Han-sol gets paid 3,000,000 won a month, and I think it is a lot.

3. -밖에

수량을 나타내는 명사 혹은 단위명사에 붙어 수량이 기대 수준에 미치지 못했다고 생각할 때 '-밖에'를 사용한다. 뒤에는 반드시 '안,

못, 없다, 모르다' 등의 부정 표현이 온다. 명사가 수량을 나타내지 않는 경우에도 오직 그 명사뿐임을 나타낼 때 쓰인다.
This marker is attached to a noun that indicates quantity or counting unit when the quantity did not reach speaker's expectation. Negative expressions like '안, 못, 없다, 모르다' should come in predicative. Even when a noun does not indicate quantity it is used to indicate only that noun.

(1) 저는 조카가 한 명밖에 없어요. I have only one nephew.
(2) 어제 잠을 다섯 시간밖에 안 잤어요. I slept only 5 hours last night.
(3) 저는 그 사람의 얼굴밖에 몰라요. I know only his face.

LESSON 15
Airport <1>

1. -기는 하지만 / -기는 -지만 / -기는 했지만 / -기는 -었/았지만

동사나 형용사에 쓰여 상대방의 말을 일부는 긍정하지만 후행절에서는 일부분 부정하는 뜻을 나타낸다.
This form is used with a verb or adjective affirming some part of the sentence and denying some part of sentence.

(1) 한국어 공부를 열심히 하기는 하지만 아직 잘 못해요. I try to study Korean but I am not good at it yet.
(2) 인천공항이 좋기는 좋지만 너무 멀어요. Incheon airport is a nice place but it is too far.
(3) 비행기표를 예매하기는 했지만 다시 취소했어요. I booked the air tickets but cancelled all of them.
(4) 탑승구를 찾기는 찾았지만 늦어서 비행기를 못 탔어요. I found the boarding gate but it was too late to catch the plane.

2. -뿐이다 / -(으)ㄹ 뿐이다

명사와 결합할 때는 오직 앞에 오는 명사만 있음을 나타낸다. 그리고 관형사형 어미 '-(으)ㄹ'의 수식을 받을 경우 그 행위만 있고 그 이외에는 더 없음을 나타낸다.
When it combines with a noun it indicates that there is only a noun. When the pattern of '-(으)ㄹ 뿐이다' attached to a verb (past/present tense) or an adjective or '-이다', it indicates that there is only one action.

(1) 제가 만들 수 있는 한국 요리는 라면뿐이에요. The only Korean food I can cook is Ramyeon.
(2) 가: 아까 술 많이 마셨죠? Did you drink a lot?
    나: 아니요, 딱 한 잔만 마셨을 뿐이에요. No, I only had one shot.

LESSON 15
Airport <2>

1. -뿐만 아니라 -도 / -(으)ㄹ 뿐만 아니라 -도

'-뿐만 아니라' 앞에는 명사가 붙어서 '그 명사가 가리키는 사물만이 아니고 그에 더하여 후행 명사가 가리키는 사물까지도'의 뜻을 나타낼 때 사용한다. '-(으)ㄹ 뿐만 아니라'는 동사, 형용사, '-이다'가 붙어서 선행절의 동작이나 상태만이 아니라 후행절의 동작이나 상태를 더하여 가리킬 때 쓰인다. 선행절이 긍정이면 후행절도 긍정이고 선행절이 부정이면 후행절도 부정이어야 한다.
'-뿐만 아니라' goes with two nouns and 'A뿐만 아니라 B도' is used as a meaning of 'not only A but also B'. Verbs, adjectives and '-이다' go with '-(으)ㄹ 뿐만 아니라' indicating that not only the action or state of the first part but also that of the latter are added. If the first part is positive then the latter one is positive, if the first part is negetive then the latter one is negative.

(1) 가: 김포공항에는 국내선만 있지요? Kimpo only has domestic flights, right?
    나: 아니요, 국내선뿐만 아니라 국제선도 있어요. No, it has not only domestic flights but also international flights.
(2) 가: 인천공항은 어떤 점이 좋아요? What is good about Incheon airport?
    나: 넓을 뿐만 아니라 정말 깨끗해요. It's not only large but also very clean.

2. ~ 덕분에 / -(으)ㄴ 덕분에

'덕분+에'의 형태이며 '덕분'은 남에게 고마움을 의미한다. 명사와 결합하여 '그 명사의 고마움을 이유로 하여'의 뜻을 나타낸다. '-(으)ㄴ 덕분에'는 동사나 형용사 어간과 결합하여 그것의 도움으로 후행절의 좋은 결과를 이루었음을 나타낸다.

This form is '덕분+에.' '덕분' means appreciation for someone. It combines with a noun meaning 'thanks to'. '-(으)ㄴ 덕분에' combines with verb stems or adjectives to indicate that because of its help the latter clause of the sentence would have a good result.

(1) 선생님 <u>덕분에</u> 한국말을 잘 배울 수 있었어요. Thanks to my teacher, I have been able to learn Korean very well.

(2) 친구가 도와<u>준 덕분에</u> 출국 수속을 잘 끝냈어요. Owing that my friend helped me, I have finished my departure process.

语法和句型

第 1 课 介绍 <1>

1. ~ 전에 / -기 전에

앞선 동작이 이루어지기 전에 뒤의 동작이 먼저 이루어진다는 뜻이 있다. '~ 전에'는 명사와 결합하며 '-기 전에'는 동사와 결합한다.
第一个动作完成之前先做了后一个动作的意思。'~ 전에'和名词结合, '-기 전에'和动词结合。

(1) 1년 전에 중국 북경에 있었어요. 一年之前我在北京。
(2) 한국에 오기 전에 대학교에 다녔어요. 我来韩国之前上了大学。

2. ~ 동안 / -는 동안

어떤 상태나 행위가 지속된 기간을 나타낸다. '~ 동안'은 명사와 결합하며, '-는 동안'은 동사와 결합한다.
表示某个行为或状态持续的时间。'~ 동안'和名词结合, '-는 동안'和动词结合。

(1) 한국어를 두 달 동안 공부했어요. 我学了两个月的韩语。
(2) 친구를 기다리는 동안 책을 읽었어요. 在等朋友的时候我看了书。

第 1 课 介绍 <2>

1. ~ 후에 / -(으)ㄴ 후에

선행문이 시간상 후행문보다 앞섬을 나타내며, 언제나 과거 관형형 어미 '-(으)ㄴ'을 쓴다. '~ 후에'는 명사와 결합하며 '-(으)ㄴ 후에'는 동사와 결합한다.
前一分句在时间上早于后一个分句, 使用过去式冠形词尾'-(으)ㄴ'。'~ 후에'和名词结合'-(으)ㄴ 후에'和动词结合。

(1) 1년 후에 대학교에 가려고 해요. 我打算一年之后上大学。
(2) 시험이 끝난 후에 바로 고향에 갔어요. 考完之后我就马上回家了。

2. -께서

주격 조사 '-이/가'의 높임말로서, 주어가 화자보다 나이가 더 많거나 사회적 위치가 높은 사람일 때 사용한다. 주격조사 '-께서'를 사용할 때는 다음에 나타나는 서술어에 '-시-'를 붙여 사용한다.
主格助词'-이/가'的敬语, 主语的年龄比说话者大或社会地位比说话者高的时候使用。使用主格助词'-께서'时谓语要加 '-시-'。

(1) 어머니께서 지금 뭘 하세요? 妈妈现在做什么?
(2) 우리 할아버지께서는 연세가 일흔 둘이세요. 我爷爷七十二岁。

第 2 课 邀请 <1>

1. -께

여격 조사 '-에게'나 '-한테'의 높임말로서, 화자보다 나이가 많거나 사회적 위치가 높은 사람이 어떤 행위의 상대가 되는 것을 나타낸다.
格助词'-에게'或者'-한테'的敬语, 表示比自己年龄大或者社会地位比自己高的人成为某个行为的对象。

(1) 어제 부모님께 전화했어요. 昨天我给父母打电话了。
(2) 선생님께 선물을 드리고 싶어요. 我想给老师送个礼物。

2. -(이)나

명사와 결합하며 앞의 명사와 뒤에 오는 명사를 연결할 때 쓰인다. '사물을 임의로 열거해 놓고 그 중의 하나를 선택함'을 나타낸다.
和名词结合，连接前面的名词和后面的名词时使用。表示随意罗列事物后选择其中一个。
(1) 학교에 버스나 지하철로 와요. 坐公共汽车或者坐地铁来学校。
(2) 꽃이나 과일을 사가면 좋을 거예요. 买花或者买水果会比较好。

第 2 课
邀请 <2>

1. ~ 같다

명사와 결합하여 주어가 그 명사의 속성을 나타낼 때 사용한다. 이때 명사 다음에는 '-와/과'가 붙어야 하나 보통 생략하여 쓰인다.
和名词结合，主语表示名词的属性时使用。这时要在名词后使用'-와/과'，但一般可以省略。
(1) 제 친구는 천재(와) 같아요. 我的朋友像天才。
(2) 제니 씨는 한국말을 잘해서 한국사람 같아요. 제니的韩语说得和韩国人一样好。

2. -처럼

명사에 붙어서 모양이나 동작이 같거나 비슷하여 닮음을 나타낸다. 조사 '-같이'로 대치할 수 있다.
用于名词后，表示摸样或动作的相似性。可以用助词'-같이'代替使用。
(1) 은영 씨는 천사처럼 착해요. 은영像天使一样善良。
(2) 저도 선생님처럼 한국말을 잘하면 좋겠어요. 我要能像老师一样说韩语说得那么好就好了。

3. -게

형용사 다음에 쓰여 문장에서 부사의 기능을 하며, 뒤에 오는 동사를 의미적으로 한정한다. 앞에 시제를 나타내는 어미가 올 수 없다.
用于形容词后面，在文章中充当副词，意思上限制后面的动词。前面不能出现表示时态的词尾。
(1) 한국 사람들이 친절하게 말해요. 韩国人很亲切地说话。
(2) 얼굴이 인형처럼 예쁘게 생겼어요. 脸长得像娃娃一样漂亮。

第 3 课
旅行 <1>

1. -(으)ㄴ 적이 있다/ 없다

관형형 어미인 '-(으)ㄴ'에 의존명사 '적'이 붙음으로써, 과거의 경험을 나타낸다. '적' 대신에 '일'을 사용해도 된다. 특히 시도를 나타내는 '-어/아 보다'와 잘 결합하여, '-어/아 본 적이 있다'나 '-어/아 본 일이 있다'와 같이 종종 사용된다.
冠形词尾'-(으)ㄴ'后面加上依存名词'적'，表现过去的一种经历。'일'可以代替'적'。特别是经常与表现尝试的'-어/아 보다'结合。常常与'-어/아 본 적이 있다'或者'-어/아 본 일이 있다'一起使用。
(1) 한국에서 산에 가 본 적이 있어요? 在韩国爬过山吗?
(2) 아직 한국 영화를 본 적이 없어요. 到现在还没有看过韩国电影。

2. -어/아지다

형용사의 어간 뒤에 붙어서 어떤 상태의 변화를 나타낸다.
用于形容词词干后，表示某种状态的变化。
(1) 요즘 지하철 요금이 비싸졌어요. 最近地铁费变贵了。
(2) 날씨가 추워지기 전에 우리도 단풍구경을 하러 갈까요? 天气变冷之前我们去看红叶，好吗?

第 3 课
旅行 <2>

1. -거나

연결어미로서 동사나 형용사 그리고 일부 '-이다'와 결합한다. '-거나' 앞에 '-었/았-'을 쓸 수 있으나 추정의 뜻을 가진 '-겠-'은 쓰지 않는다. 두 가지 이상의 행동, 상태, 존재를 나란히 나열하는 뜻을 나타낸다.
在连接语尾。与动词、形容词及部分的'-이다'结合使用。'-거나'的前面可以使用'-었/았-'，但不得使用有猜测之意的'-겠-'。表示并列或列举两种以上的行动、状态、存在。
(1) 여행사 버스를 이용하거나 기차를 탈 수 있어요. 可以乘坐旅行社公车或者火车。
(2) 저는 주말에 보통 책을 읽거나 요리를 해요. 我周末一般看书或者做菜。

2. -어/아야 되다

연결어미 '-어/아야'와 보조동사 '되다'가 결합한 형태로서 동사, 형용사, '-이다'와 결합한다. 청유형과 명령형은 쓰지 않는다. 마땅히 그래야 하는 상황이나 당위성을 나타낸다.
连接语尾'-어/아야'和助动词'되다'的结合形式，常与动词，形容词，'-이다'结合使用。与共动型和命令型不用。表现应当这样做的情况或义务性。
(1) 여행을 떠나기 전에 무엇을 사야 돼요? 去旅行之前必须要买什么东西?
(2) 주말에는 미리 예약을 하셔야 돼요. 周末必须提前预订。

第 4 课
爱好 <1>

1. ~ 때 / -(으)ㄹ 때 / -었/았을 때

관형형 어미 '-(으)ㄹ'에 명사 '때'가 결합한 형태로서, 어떤 행위나 상태의 시점을 말해 준다. 동사, 형용사, '-이다' 등의 형태와 결합할 수 있다. 과거 시제를 나타내는 '-었/았-'과 결합하기도 한다. 명사 '때'가 혼자 쓰이기도 한다.
冠形语尾'-(으)ㄹ'与名词'때'的结合形式，表示某个行为或者状态发生的时间。与动词、形容词、'-이다'等结合。也可与过去式'-었/았-'结合使用。名词'때'可以单独使用。
(1) 방학 때 뭘 할 거예요? 放假时打算做什么?
(2) 다음에 산에 갈 때 같이 갑시다. 下次去爬山的时候一起去吧。
(3) 한국에 처음 왔을 때 기분이 좋았어요. 初次来韩国的时候心情很好。

2. -마다

명사 뒤에 붙어서 '빠짐없이, 모두'의 의미를 나타내는 보조사이다.
用于名词后，表示'没有例外，所有'的意思。
(1) 저는 주말마다 등산을 하거나 낚시를 하러 가요. 我每个周末去爬山或者钓鱼。
(2) 시간이 있을 때마다 영화나 비디오를 봐요. 每当有时间的时候就看电影或录像。

3. -(이)든지

의문사 뒤에 붙어서 어떤 것이든 가리지 않는다는 것을 의미한다. 앞의 의문사가 자음으로 끝나면 '-이든지'와 결합하고, 모음으로 끝나면 '-든지'와 결합한다.
用于疑问词后，表示没有例外。前面疑问词的韵尾是辅音韵尾时与'-이든지'结合，元音结尾时与'-든지'结合。
(1) 저는 어떤 영화든지 다 좋아해요. 不管是什么电影我都喜欢。
(2) 무엇이든지 물어보세요. 无论什么都可以问。

第 4 课
爱好 <2>

1. -고 있다

연결어미 '-고'와 동사 '있다'가 결합한 보조동사이다. 동작의 진행을 나타내며, 과거의 진행을 나타내는 '-고 있었다'는 과거 한 시점에 일어난 일을 나타낼 때만 사용할 수 있다. 그밖에 착용동사와 결합하여 사용된다.
连接语尾'-고'和动词'있다'的助动词。表示动作的进行，'-고 있었다'只能用在过去某段时间正在发生的事情。还可以与表示穿用的动词结合使用。
(1) 지금 책을 읽고 있어요. 现在正在看书。
(2) 아까 우리가 만났을 때 누구를 기다리고 있었어요? 刚才我们见面的时候，在等谁呢?
(3) 제니 씨가 청바지하고 티셔츠를 입고 있어요. 제니穿着牛仔裤和T恤衫。

2. -(으)로 만들다

'-(으)로 만들다'는 재료명사와 결합해서 하나의 완성된 사물이나 음식의 원료를 나타낼 때 쓰인다. 앞의 명사가 모음이나 받침 'ㄹ'로 끝나면 '-로'를 쓰고 그밖의 자음으로 끝나면 '-으로'를 쓴다.
'-(으)로 만들다'和表示材料的名词结合，表示一个完成的事物或者饮食的原料时使用。前面的名词以元音或者词尾'ㄹ'结尾时与'-로'结合使用，除此以外的辅音韵尾与'-으로'结合使用。
(1) 이 음식은 무엇으로 만들었어요? 这菜是用什么做的?
(2) 떡은 쌀로 만들어요. 年糕是用米做的。

第 5 课
学校生活 <1>

1. -이/가 필요하다/ 필요없다

주격조사 '-이/가'와 형용사 '필요하다'가 결합한 형태로서, 주어의 필요성을 나타낸다. 부정형은 '-이/가 필요없다'이다.
主格助词'-이/가'与形容词'필요하다'结合，表示主语的必要性，否定型是'-이/가 필요없다'.
(1) 가: 학생증을 만들려고 하는데 무엇이 필요해요? 办学生证，需要什么?
　나: 학생증을 만들려면 사진이 필요해요. 办学生证，需要照片。
(2) 가: 컴퓨터실을 이용하려고 하는데 학생증이 필요해요? 想利用电脑室，需要学生证吗?
　나: 아니요, 학생증은 필요없어요. 不，不需要学生证。

2. -고 싶어하다

동사의 어간 뒤에 붙어서 3인칭 주어의 소망이나 바람을 표현한다. 주어가 1인칭이거나 2인칭 의문형일 때는 '-고 싶다'를 써야 한다.
用于动词词干后，表示第3人称主语的希望，愿望。主语是第1人称或第2人称疑问句时要用'-고 싶다'。
(1) 제 친구가 우리 학교에 입학하고 싶어해요. 我朋友想在我们学校上学。
(2) 저는 컴퓨터를 배우고 싶은데 친구는 태권도를 배우고 싶어해요. 我想学电脑，可朋友想学跆拳道。

第 5 课
学校生活 <2>

1. ~ 때문에 / -기 때문에 / -었/았기 때문에

선행문이 후행문의 이유를 나타낸다. 이유를 나타내는 연결어미 '-(으)니까, -어/아서'에 비하여 의미가 더 강하다. 명사와 결합하여 '명사+때문에'로 쓰이며 동사와 결합하는 경우에는 '-기 때문에'로 쓰인다. 과거시제를 나타내는 '-었/았-'과 결합할 수 있으며, '왜냐하면 -기 때문이다'의 형태로도 쓰인다.
前一个分句是后一个分句的理由。比连接语尾'-(으)니까, -어/아서'所表达的意思更强烈。与名词结合时为'명사+때문에'，和动词结合时为'-기 때문에'。可以和表示过去的'-었/았-'结合，也可以以 '왜냐하면 -기 때문이다'的形式使用。
(1) 교통사고 때문에 늦었어요. 因为交通事故，迟了。
(2) 집이 멀기 때문에 좀 불편해요. 因为离家远，所以有点不方便。

(3) 지금 방학이기 때문에 학교에 안 가요.　因为现在是假期，所以不去学校。
(4) 저는 오늘 지각했어요. 왜냐하면 지하철이 늦게 왔기 때문이에요.　我今天迟到了。是因为地铁来晚了。

2. -지 그래요? / -지 그랬어요?

의문형으로 쓰여서 화자가 청자에게 자신의 의견을 완곡하게 제시할 때 사용한다. 특히 '-지 그랬어요?'는 화자가 청자의 과거 행동에 대해 그렇게 안 했으면 좋았다는 것을 말할 때 쓴다.
说话者向对方委婉地提出自己的意见时使用的问句。'-지 그랬어요?'所表达的是说话者希望对方如果不像以前那样做的话会更好。
(1) 학교에서 가까운 곳으로 이사하지 그래요?　搬到离学校近的地方怎么样呢?
(2) 좀 더 열심히 공부하지 그랬어요?　之前如果更认真一点学习的话就好了。

第 6 课
考试 <1>

1. 반말 (非敬语)

한국어에서는 청자와 화자의 나이, 사회적 지위, 관계 등에 따라 다양한 층위의 문장 종결어미가 있다. 반말은 일반적으로 친구나 나이가 어린 사람, 지위가 낮은 사람에게 쓰는 말로 격식체와 비격식체가 있다. 격식체의 경우 화자와 청자의 연령, 성별에 따라 제한을 받는 경우가 많으나 비격식체는 비교적 제한이 없이 쓰인다.
韩语中随着听者和说话者的年龄、社会地位、关系等的变化会出现多种层位的终结词尾。非敬语一般用于朋友之间、相对年龄小的人或地位低的人。分成格式体和非格式体；格式体则根据说话者和听者的年龄、性别的不同而受到较多限制，非格式体则使用时相对来说限制较少。

<table>
<tr><th colspan="2"></th><th>서술문(陈述句)</th><th>의문문(疑问句)</th><th>명령문(祈使句)</th><th>청유문(共动句)</th><th>감탄문(感叹句)</th></tr>
<tr><td rowspan="2">격식체
(正式体)</td><td>높임말
(敬语)</td><td>-ㅂ니다
-습니다</td><td>-ㅂ니까?
-습니까?</td><td>-(으)십시오</td><td>-(으)ㅂ시다</td><td></td></tr>
<tr><td>반말
(非敬语)</td><td>(1) -다
-ㄴ/는다</td><td>(2) -니/으니?
-냐/으냐?
-니/냐/느냐?</td><td>(3) -어/아라</td><td>(4) -자</td><td>(5) -구나
-는구나</td></tr>
<tr><td rowspan="4">비격식체
(非正式体)</td><td rowspan="2">높임말
(敬语)</td><td colspan="4">-어/아요</td><td rowspan="2">-군요
-는군요</td></tr>
<tr><td colspan="4">-이에요/예요</td></tr>
<tr><td rowspan="2">반말
(非敬语)</td><td colspan="4">(1) (2) (3) (4) -어/아</td><td rowspan="2">(5) -군
-는군</td></tr>
<tr><td colspan="4">(1) -(이)야</td></tr>
</table>

(1) 오랜만이다. 생일 축하한다. (오랜만이야. 생일 축하해.)　好久不见，祝你生日快乐。
(2) 시험 공부 많이 했니?/했냐? (시험 공부 많이 했어?)　考试准备好了吗？
(3) 시험 잘 봐라. (시험 잘 봐.)　祝你取得好成绩。
(4) 이따가 3시에 만나자. (이따가 3시에 만나.)　过一会儿3点见面吧。
(5) 요즘 열심히 공부하는구나. (요즘 열심히 공부하는군.)　最近很认真学习啊！

2. -을/를 위해서 / -기 위해서

'-기 위해서' 앞에 나오는 동사는 후행절에 나타나는 행위의 목적을 나타낸다. 반드시 동사와 결합하여야 하며, 선행절의 주어와 후행절의 주어는 항상 일치해야 한다. '위해서'가 명사와 결합하는 경우에는 목적격 조사인 '-을/를'을 취하게 된다.
'-기위해서'前面出现的动词是后一分句的行为目的，必须和动词结合，前后分句主语相同。'위해서'和名词结合时要加上目的助词'-을/를'。
(1) 행복한 미래를 위해서 우리 열심히 공부하자.　为了幸福的未来我们努力学习吧。
(2) 나는 한국어를 공부하기 위해서 한국에 왔어.　我为了学习韩语来了韩国。

第 6 课
考试 <2>

1. -에 가는 길이다 / -에 가는 길에

'-에 가는 도중'의 뜻으로 쓴다.
表示在去什么地方的途中。
(1) 시험 공부하러 도서관에 가는 길이야. 在去图书馆学习的路上。
(2) 집에 가는 길에 도서관에 들러서 책을 빌릴 거야. 回家的路上要顺便去图书馆借书。

2. -(으)ㄴ/는/(으)ㄹ 모양이다

화자가 사물의 모양을 보고 객관적인 입장에서 추측하여 말할 때 쓴다. 그러므로 1인칭 주어는 쓸 수 없다. '모양이다' 앞에 형용사나 '-이다'가 올 때는 '-ㄴ/은'과 결합해서 쓰이며 동사가 올 때는 시제에 따라 과거이면 '-ㄴ/은', 현재이면 '-는', 미래이면 '-ㄹ/을' 과 함께 결합해서 쓰인다. '-있다/없다'의 경우는 '-는'과 함께 결합해서 쓰인다.
说话者站在客观立场做出推测时使用。所以不能使用第一人称主语。'모양이다'前面出现形容词或者'-이다'的时候和'-ㄴ/은'结合使用，出现动词时，如果是过去式时与'-ㄴ/은'结合，现在式和'-는'结合，将来式和'-ㄹ/을'结合使用。'-있다/없다'和'-는'结合使用。
(1) 제니 씨가 성적이 좋은 모양이야. 看上去제니成绩很好。
(2) 한솔 씨가 화가 난 모양이야. 한솔看上去生气了。
(3) 은영 씨가 지금 방에서 자는 모양이야. 은영好像在房间里睡觉。
(4) 마이클 씨가 고향에 안 갈 모양이에요. 마이클好像没有回老家。
(5) 은영 씨가 집에 없는 모양이에요. 은영好像不在家。

第 7 课
见面 <1>

1. ~ 중에서 제일 / -에서 제일

여러 사람이나 사물 가운데에서 정도가 가장 큰 것을 나타내며, '~ 중에서' 앞에는 명사가 온다. 그리고 '제일' 뒤에는 보통 형용사나 동사가 온다. 앞에 나오는 명사가 여러 개의 명사를 포함할 때는 '~ 중에서'를 사용하며 하나의 명사를 나타낼 때는 '-에서'를 사용한다.
在所有人和事物中表示程度最大。'~ 중에서'前面出现名词，'제일'后面一般出现形容词或者动词。前面出现的名词包括几个名词的时候使用'~ 중에서'，表示一个名词的时候使用'-에서'。
(1) 우리 반 학생들 중에서 누가 제일 키가 커? 我们班所有学生中谁最高？
(2) 세상에서 제일 사랑하는 사람은 우리 가족들이에요. 世界上，我最爱的人是我的家人。

2. ~ 만에

시간을 나타내는 명사와 조사 '-에'가 결합한 형태로서, 어떤 일이 일어난 지 얼마 후에 다른 일이 일어남을 나타낸다. '만에' 다음에는 서술어로 동사가 오는데, 특별히 '끝나다', '끝내다', '다 하다' 등의 동사와 결합할 때는 걸리는 시간을 나타내기도 한다.
时间名词和助词'-에'结合的形式，表示紧接着发生两件事情。'-에'后动词做谓语，'끝나다', '끝내다', '다 하다' 等做谓语时则表示所需的时间。
(1) 졸업하고 딱 10년 만에 만났어요. 毕业满10年了才见面了。
(2) 숙제를 1시간 만에 다 끝냈어요. 作业做了1个小时做完了。
(3) 일주일 만에 청소했는데 청소를 30분 만에 다 끝냈어요. 满一个星期没有打扫，但30分钟就打扫完了。

第 7 课
见面 <2>

1. -어/아서 그렇다 / -어/아서 그랬다

이유를 나타내는 연결어미 '-어/아서'와 '그렇다'가 결합한 형태로 상대방의 말에 그 원인이나 이유를 들어 대답할 때 쓰인다. '그렇다'는 상대방의 질문 내용을 반복하지 않고 대신하여 쓰는 말이다. 현재의 일에 대한 이유를 나타낼 때는 '그렇다'를, 과거의 일에 대한 변명을 나타낼 때는 '그랬다'를 쓴다.
表示理由的连接语尾'-어/아서'和'그렇다'结合的形式。听过对方的原因或者理由后回答时使用。使用'그렇다'取代对方提出的问题，为了不再反复以免啰嗦。表示关于现在情况的理由时用'그렇다'，关于过去的情况解释时用'그랬다'。

(1) 가: 왜 점심을 안 먹어요? 为什么不吃午饭？
나: 배가 불러서 그래요. (=안 먹어요.) 肚子饱了所以不吃了。
(2) 가: 왜 남자친구하고 헤어졌어? 为什么和男朋友分手了？
나: 성격이 너무 안 맞아서 그랬어. (=헤어졌어.) 性格不合所以分手了。

2. -보다 더 ~

'-보다'는 비교의 대상이 되는 명사에 붙어서 두 사물을 비교하기 위해 쓰인다. '더', '더욱', '훨씬' 등의 부사가 자주 나타나기도 한다.
'-보다'和比较对象的名词结合,为了比较两个东西而使用。经常使用副词'더', '더욱', '훨씬'等。
(1) 러시아 어가 한국어보다 더 어려워요. 俄语比韩语还难。
(2) 건강보다 더 중요한 것은 없어요. 没有比健康更重要的东西。

第 8 课
邮局 <1>

1. -기로 하다

어떤 일을 약속하거나 결정할 때 혹은 결심할 때 쓰며, 좀 더 구체적으로 '-기로 약속하다/결정하다/결심하다'로 쓰기도 한다.
约定，决定，决心做某件事时使用；使用'-기로 약속하다/결정하다/결심하다'更加具体地说明。
(1) 편지를 내일까지 보내 주기로 (약속)했어요. 约定明天去寄信。
(2) 공부가 끝난 후에 대학교에 입학하기로 (결정)했어요. 学习结束之后决定上大学。
(3) 오늘부터 열심히 공부하기로 (결심)했어요. 下定决心从今天开始好好学习。

2. -(으)로

명사에 붙어서 부사어를 만드는 조사이며, 선택되는 대상에 붙어 '-을/를 (골라서)'의 뜻으로 쓰인다.
用于名词后做状语成份的助词，用于被选择的对象后，表示'-을/를 (골라서)'的意思。
(1) 선물을 소포로 보내 주세요. 请把这件礼物用包裹寄。
(2) 국내특급우편으로 보내면 내일까지 도착할 거예요. 用国内特快寄的话明天就可以到。

3. -(으)ㄹ 필요가 있다/ 없다

동사에 관형형 어미 '-(으)ㄹ'이 결합하여 그 행위의 필요성 유무를 나타낸다. '-(으)ㄹ 필요가 있다'는 의문형으로 많이 쓰이며 어떤 상황이나 일에 대한 회의나 이의 제기를 할 때 사용한다. 서술문으로 쓰일 때는 '-(으)ㄹ 필요가 없다'와 같이 부정형으로 쓰이는 것이 일반적이다.
动词与冠形词尾'-(으)ㄹ'结合，表示某个行为的必要性；'-(으)ㄹ 필요가 있다'多使用于疑问句，对于某个情况或者事情的怀疑或提出异议时使用。作为陈述句使用的时候一般'-(으)ㄹ 필요가 없다' 为否定式。
(1) 결혼을 할 필요가 있을까요? 一定要结婚吗？
(2) 중요한 서류가 아니니까 등기우편으로 부칠 필요가 없어요. 不是重要的文件不需要寄挂号信。

第 8 课
邮局 <2>

1. -이/가 아니라

주어 명사구와 '아니다'의 어간에 연결어미 '-라'가 붙은 '아니라'가 결합한 형태로서, '-이/가 아니라 -(이)다'의 문장형식을 쓴다. 선행절과 후행절의 내용이 서로 대칭이 되며 '-라'는 선행절이 후행절과 관련이 있음을 나타낸다.
主语名词形与'아니다'的语干加连接语尾'-라'的'아니라'结合的形式。以'-이/가 아니라 -(이)다'的形式用于句子中。前一分句和后一分句的内容互相对称，'-라'表示前一分句和后一分句有关联。
(1) 이것은 편지지가 아니라 편지봉투예요. 这个不是信纸而是信封。
(2) 이번 주 일요일이 아니라 다음 주 일요일이에요. 不是这周周日而是下周周日。

2. -어/아하다

상태를 나타내는 형용사에 '-어/아하다'가 결합하여 형용사를 동사로 만든다. 이때 동사는 화자의 감정이나 심리상태를 나타내며 3인칭 주어와 함께 사용된다.
状态形容词与'-어/아하다'结合转化为动词。这时动词表示说话者的感觉或者心理状态，与第三人称主语一起使用。
(1) 한국말로 쓰면 선배 언니가 더 기뻐할 거예요. 用韩语写的话学姐会更高兴。
(2) 결혼을 할 때 친구가 아주 행복해했어요. 结婚的时候朋友感觉很幸福。
(3) 제가 숙제를 도와줘서 친구가 고마워했어요. 我帮助朋友做作业，朋友很感谢我。

3. -기(를) 바라다

동사에 붙어 바라는 바를 나타낼 때 쓰는 표현이다. 가끔 '건강하다', '행복하다' 등의 형용사에 붙어 쓰이기도 하며 '-를'이 생략되기도 한다.
使用于动词后，表示希望。有时和'건강하다', '행복하다'等形容词结合使用，常省略'-를'。
(1) 오늘 재미있게 지내기를 바랍니다. 希望今天过得愉快。
(2) 항상 건강하시기를 바랍니다. 希望保持健康。
(3) 조심해서 운전하시기 바랍니다. 希望小心开车。

第 9 课
健康 <1>

1. -(으)로

원인, 이유, 근거가 되는 말에 붙어 '-이/가 원인이 되어'의 뜻을 가진다.
和表示原因，理由，根据等语句结合使用，有'-이/가 원인이 되어'的意思。
(1) 요즘 감기로 고생하는 사람이 아주 많아. 最近因为感冒受苦的人很多。
(2) 할아버지께서 지난 달에 암으로 돌아가셨어요. 爷爷上个月因癌症而去世了。

2. -이/가 -에 좋다/ 나쁘다 / -는 것이 -에 좋다/ 나쁘다

주어가 뒤에 오는 대상에 좋은지 나쁜지를 나타낼 때 사용하는 문형이다. '-에'는 대상이 되는 명사와 결합하는데 문장의 앞에 나올 때는 '-는'과 결합하여 쓰인다. 주어에 명사가 올 때는 '-이/가'가 쓰이고 동사가 올 때는 '-는 것이'가 쓰인다.
表示主语后面出现的对象是好或者坏时使用。'-에'和名词对象结合；在文章的前面出现时与'-는'结合使用。主语是名词时和 '-이/가'结合使用，动词的时候和'-는 것이'结合使用。
(1) 마늘이 건강에 좋아요. 大蒜对健康好。
(2) 감기에는 약 먹고 푹 쉬는 것이 좋아요. 吃完药好好休息对感冒很好。
(3) 담배를 피우는 것이 건강에 나빠요. 吸烟对健康不好。

3. 'ㅅ' 불규칙동사

'낫다', '붓다' 등 어간에 'ㅅ' 받침이 있는 동사 혹은 형용사는 모음 앞에서 'ㅅ'이 떨어진다.
'낫다', '붓다'等有'ㅅ'词干的动词或者形容词在元音前时 'ㅅ'脱落。
(1) 눈병이 다 나았어요. 眼病痊愈了。
(2) 병원에 가서 주사를 맞으면 나을 거야. 去医院打个针就好了。

第 9 课
健康 <2>

1. 피동사 (-이/히/리/기-/ -어/아지다)

피동사는 타동사에 접사 '-이/히/리/기-'를 붙이거나 '-어/아지다'를 붙여서 만드는데 이때 타동사의 목적어는 피동사의 주어로 바뀐다. 피동형은 주어의 행동과 동작보다는 그 행동으로 인하여 영향을 받아서 생긴 상황이나 결과를 나타낼 때 쓰인다. 모든 동사를 피동형으로 만들 수 있는 것도 아니고 접사 선택도 일정한 규칙이 있다고 볼 수 없으므로 보통 어휘화된 형태로 받아들여진다.
被动词是及物动词加上词缀'-이/히/리/기-'或者'-어/아지다'形成；这时候及物动词的目的语是被动词的主语。一般不是直接说明被动形主语的行动或动作，而是表示受被动形主语的行动或动作的影响而发生的结果时使用。不是所有的动词都可以有被动形，词缀的选择也没有一定的规律，一般作为词汇使用。

피동접사(被动词缀)	기본동사(基本动词)	피동사(被动词)	예문(例子)
-이-	보다	보이다	안경을 써서 칠판 글씨가 잘 보여요. 带了眼镜，可以看得清楚黑板上的字。
-히-	닫다	닫히다	약국 문이 몇 시에 닫혀요? 药店几点钟关门?
-리-	열다	열리다	창문이 열려서 방이 추워요. 窗户开着，感觉房间冷。
-기-	끊다	끊기다	엘리베이터에서 휴대폰이 끊겼어요. 电梯里手机被中断了。
-어/아지다	끄다	꺼지다	바람이 불어서 촛불이 꺼졌어요. 因为刮风，所以蜡烛被吹灭了。

2. -(으)면 -(으)ㄹ 텐데

'-(으)면'은 조건을 나타내는 연결어미로 선행절은 후행절에 대하여 가정적 조건을 나타낸다. 또한 이것과 결합하는 '-(으)ㄹ 텐데'는 동사, 형용사, '-이다'와 결합하며 앞으로의 소망을 나타낸다. 주어가 1인칭인 경우 '-었/았-'과 결합하면 과거에 대한 후회를 나타낸다. '-(으)면'은 '-겠-'과 함께 쓰이지 않는다.
'-(으)면'是表示条件的连接语尾。前一分句是后一分句的假设条件。另外与此结合的'-(으)ㄹ 텐데'与动词、形容词、'-이다'结合，表示愿望。主语是第一人称时与'-었/았-'结合，表示对过去的后悔。'-(으)면'不和'-겠-'结合使用。
(1) 제니 씨가 감기가 빨리 나으면 좋을 텐데……. 제니的感冒能快点好就好了…….
(2) 제니 씨가 안 바쁘면 같이 영화를 보러 갈 텐데……. 如果제니不忙的话就会和我们一起去看电影…….
(3) 아이스크림을 많이 안 먹었으면 배탈이 안 났을 텐데……. 没吃很多冰淇淋的话就不会闹肚子了…….

第 10 课
天气 <1>

1. -(으)ㄹ 뻔했다

조금만 잘못했으면 그와 같은 상태가 되었을 것인데 다행히 그렇게 되지 않았음을 나타낸다. '죽다, 다치다' 등과 같은 부정적인 의미의 동사와 자주 결합해서 쓰인다.
表示如果稍不注意就会出现某种状况，幸好没有出现。常和'죽다,다치다'等贬义动词结合使用。.
(1) 눈 때문에 길이 막혀서 지각할 뻔했어요. 因为下雪堵车，差点就迟到了。
(2) 교통사고가 나서 죽을 뻔했어요. 出了交通事故，差点就死了。

2. -다가

선행 동사의 동작이 상황이 중단되거나, 전환을 하는 경우에 사용하는 연결어미로 동사와 결합한다. 선행절과 후행절의 주어가 같아야 한다.
表示前一个动词的动作中断或者转换时使用的连接词尾，与动词结合使用。前后文的主语要相同。
(1) 은행에 가다가 비를 많이 맞았어요. 去银行的时候被雨淋了。
(2) 수영하다가 물에 빠져서 죽을 뻔했어요. 游泳的时候被水淹了差点死了。
(3) 오전에는 맑다가 오후부터 흐려지겠습니다. 上午晴朗下午变阴。

第 10 课
天气 <2>

1. -다고 하다 / -(이)라고 하다 / -냐고 하다 / -(으)라고 하다 / -자고 하다

다른 사람한테 들은 말을 간접적으로 인용하여 전달하는 구문으로 간접화법이라고 한다. 간접화법의 종결어미는 아주 낮춤을 나타내는 서술형 종결어미, '-(ㄴ/는)다', 의문형 종결어미 '-냐', 청유형 종결어미 '-자', 명령형 종결어미 '-라'에 '-고 (말)하다'를 붙여서 쓴다.

'-(으)라고 하다'의 경우 '-라고'는 받침이 없는 동사와 'ㄹ'받침으로 끝나는 동사에 쓰이며. '-으라고'는 받침이 있는 동사에 쓰인다.
间接引用从别人那里听来的话时使用的句式。间接语的终结语尾叙述形是'-(ㄴ/는)다，疑问形的终结语尾是'-냐'，共动形的终结语尾是'-자'，命令形的终结语尾是'-라'。这些间接语都和'-고 (말)하다'结合使用。使用'-(으)라고 하다'时'-라고'用于没有韵尾的动词和韵尾为'ㄹ'的动词，'-으라고'用于有韵尾的动词。

	서술문(陈述句)	의문문(疑问句)	명령문(命令句)	청유문(共动句)	
형용사(形容词)	(1) -다고	(4) -(으)냐고			+ (말)하다
동사(动词)	(2) -ㄴ/는다고	-(느)냐고	(5) -(으)라고	(6) -자고	
명사(名词)	(3) -(이)라고	-(이)냐고			

(1) 일기예보에서 오늘은 날씨가 맑다고 했어요.　天气预报说今天的天气晴朗。
(2) 일기예보에서 오늘밤에 비가 온다고 했어요.　天气预报说今晚要下雨。
(3) 은영 씨가 제일 좋아하는 계절은 봄이라고 했어요.　은영说最喜欢的季节是春天。
(4) 한솔 씨가 지금 밖의 날씨가 어떠냐고 했어요.　한솔问现在外面的天气怎么样？
(5) 친구가 날씨가 추우니까 감기 조심하라고 했어요.　朋友说天气冷要注意感冒。
(6) 동생이 비가 오니까 우산을 사자고 했어요.　弟弟说因为下雨一起去买一把伞。

第 11 课
电话 <1>

1. -(이)라고 하다

어떤 사람과 사물의 이름이나 의미를 소개할 때 사용하는 어미로 명사와 결합한다. 받침이 있는 명사는 '-이라고 하다'와 결합하고 받침이 없는 명사는 '-라고 하다'와 결합한다.
介绍人或事物的名字或意思时使用的语尾，与名词结合。有韵尾的名词和'-이라고 하다'结合，没有韵尾的名词和'-라고 하다'结合使用。
(1) 저는 김성수라고 합니다.　我叫김성수。
(2) 이것을 한국말로 '휴대폰'이라고 해요.　这个用韩语叫'휴대폰'。

2. -다고요?

상대방의 말을 듣고 그 말을 다시 반복하여 질문하는 구문으로, 간접화법의 형태에 의문종결어미 '-요'가 결합하여 '-(ㄴ/는)다고요?', '-(이)라고요?', '-(느/으)냐고요?', '-(으)라고요?', '-자고요?'의 형식으로 쓰인다. 다른 사람에게 들은 말을 그 자리에서 다시 확실하게 확인하는 경우와 들은 말이 의외여서 놀란 경우에 쓰인다.
回问对方提出的问题时使用。在间接句式结合终结语尾'-요'成为'-(ㄴ/는)다고요?', '-(이)라고요?', '-(느/으)냐고요?', '-(으)라고요?', '-자고요?'形式。重新正确地确认从别人那里听来的话或感到意外而吃惊时使用。
(1) 가: 12시에 만나자고 전해 주세요.　请替我转告12点见面。
　나: 12시에 만나자고요? 네, 전해 드리겠습니다.　12点见面吗？好的，会帮你转告的。
(2) 가: 오늘 저녁 모임이 취소되었어요.　今晚的聚会取消了。
　나: 뭐라고요? 오늘 저녁 모임이 취소되었다고요?　什么？今晚的聚会取消了？

第 11 课
电话 <2>

1. -을/를 달라고(주라고) 하다 / -어/아 달라고(주라고) 하다

동사 '주다'는 목적어를 받는 대상이 누구냐에 따라서 간접화법 구문에서 사용하는 동사가 달라진다. 목적어를 받는 대상이 1인칭이면 동사는 '달라고 하다'가 되고 대상이 3인칭이면 동사는 '주라고 하다'가 된다. 다시 말하면 화자 자신이 어떤 사물이 필요할 경우에는 '달라고 하다'를 쓰고 제 3자가 필요로 하는 경우에는 '주라고 하다'를 쓴다.
在间接语句中动词 '주다'根据宾语的对象使用的动词也不相同。第一人称时动词为 '달라고 하다'，第三人称时动词为'주라고 하다'。也就是说，说话的人本身需要什么东西时使用 '달라고 하다'，如第三者需要时则使用'주라고 하다'。

(1) 은영 씨가 저한테 그 책을 빨리 달라고 했어요.　은영对我说快点借给她那本书。
(2) 은영 씨가 저한테 그 책을 마이클 씨한테 주라고 했어요.　은영对我说把那本书交给마이클。
(3) 어머니께서 저한테 청소를 도와 달라고 했어요.　妈妈对我说让我帮她清扫。
(4) 어머니께서 저한테 동생한테 컴퓨터를 가르쳐 주라고 했어요.　妈妈对我说让我教弟弟电脑。

2. 한 ~도

최소의 수량으로 비교함으로써 강조하는 표현이다. 정도를 나타내는 말에 붙어서 그 정도가 기대보다 적음을 나타낸다. 다음에는 '안, 못, 없다, 모르다' 등의 부정 표현이 따른다.
用最少的数量做比较，起到强调的作用。用于表示程度的句子后，表示比期待的程度低。后面必须和'안, 못, 없다, 모르다'等否定形式结合。
(1) 한국 요리를 한 번도 해 본 적이 없어요.　从来没有做过韩国菜。
(2) 오늘 전화가 한 통도 안 왔어요.　今天一个电话也没来。

第 12 课
韩国生活 <1>

1. -(으)ㄹ 줄 알다/ 모르다

어떤 행위의 방법을 아는지, 모르는지, 또는 능력이 있는지, 없는지를 나타낸다. 이때는 동사하고만 어울리며, 관형사형 어미는 '-(으)ㄹ'만 쓸 수 있다.
表示是否知道某种行为的方法或是有没有能力。这时候只能和动词连接使用，并且只能用冠形词词尾'-(으)ㄹ'。
(1) 저는 자전거를 탈 줄 알아요.　我会骑自行车。
(2) 처음 한국에 왔을 때는 매운 음식을 먹을 줄 몰랐는데 지금은 잘 먹어요. 刚来韩国的时候不能吃辣的东西，可现在很喜欢吃。

2. -지요

의문문으로 사용할 때는 부드럽고 친근하게 상대방의 의견을 묻는 어미로 쓰이며, 서술문으로 사용할 때는 당연히 그러함을 나타내는 어미로 쓰인다.
在疑问句使用的时候表示委婉亲切地询问对方的意见。陈述句中使用的时候有'当然如此'的意思。
(1) 가: 이번 학기 한국어 공부가 재미있지요?　这学期学习韩语有意思吧？
　나: 물론이지요.　当然了。
(2) 가: 우리 학교에서 얼마 동안 공부하셨지요?　在我们学校学习了多长时间呢？
　나: 6개월 동안 공부했어요.　学了6个月。
(3) 가: 시험을 잘 보려면 어떻게 해야 하지요?　想要考试考得好，应该怎样做呢？
　나: 날마다 열심히 공부해야지요.　每天都应该认真学习呢。

第 12 课
韩国生活 <2>

1. -(이)나?

수량을 물어볼 때 사용하는 구문인 '몇+(단위명사)' 뒤에 붙어 의문문을 만든다. 정확한 대답을 요구하지 않는 질문을 할 때 쓰인다.
询问数量时使用的固定句式'몇+(단위명사)?'后构成疑问句，不要求正确回答时使用。
(1) 가: 한국에서 한 달에 식비가 얼마나 들어요?　在韩国一个月的伙食费大概多少钱？
　나: 30만 원쯤 들어요.　大概30万元。
(2) 가: 하루에 커피를 몇 잔이나 마셔요?　一天大概要喝多少杯咖啡？
　나: 보통 세 잔쯤 마셔요.　一般喝3杯。

2. -(으)ㄴ/는/(으)ㄹ 것 같다

동작이나 상태에 대한 화자의 추측 또는 불확실한 단정을 나타낸다. 동사, 형용사, '-이다'에 붙어서 쓰인다.

对动作或者状态表示说话者的推测或者不确切的断定。与动词，形容词，'-이다'结合使用。
(1) 한국 사람들이 다른 나라 사람들보다 친절한 것 같아요. 韩国人似乎比别的国家的人亲切。
(2) 친구들 중에서 누가 아침을 안 먹은 것 같아요? 朋友中谁好像没吃早饭？
(3) 제 생각에는 두 사람이 사랑하는 것 같아요. 我觉得两个人好像相爱。
(4) 3년쯤 공부하면 한국 사람처럼 한국말을 잘할 수 있을 것 같아요. 学习3年左右的话，大概就能把韩语说得像韩国人那样好。
(5) 세상에서 제일 어려운 말은 한국말인 것 같아요. 世界上最难的语言似乎是韩语。

第 13 课
搬家 <1>

1. -부터

어떤 행동이나 대상을 '시작으로 하여'의 뜻이며, 그 다음에 다른 행동이 있을 것을 암시한다. 이때 결합하는 명사는 시간을 나타내는 명사가 아니다. '우선, 먼저' 등과 함께 쓰이기도 한다.
表示从某种行动或者对象开始的意思,并且暗示后面有别的行动。这时候结合使用的名词不是时间名词；也和 '우선, 먼저' 结合使用。
(1) 이사하려면 먼저 이사할 집부터 찾아야 돼요. 要搬家的话首先要从找房子开始。
(2) 짐이 많으니까 이삿짐센터에 전화부터 하세요. 首先要给搬家公司打个电话，因为行李很多。

2. -(으)면 안 될까요?

어려운 부탁을 할 때 쓰며 조심스럽게 상대방의 의향을 묻는 구문으로 동사의 어간에 붙는다.
请求对方时，委婉地询问对方的意见。与动词词干相连。
(1) 이삿짐을 좀 싸 주시면 안 될까요? 帮我收拾一下搬家的行李行吗？
(2) 빈 자리가 없는데 옆 자리에 앉으면 안 될까요? 没有空座了，坐在您旁边可以吗？

第 13 课
搬家 <2>

1. -네요

말하는 사람이 직접 경험하여 새롭게 알게 된 사실을 감탄하여 말할 때 쓴다.
对表示说话者亲身体验后重新认识到而感叹的事实使用。
(1) 방이 넓고 좋네요. 房子很宽很好啊！
(2) 아래층에 가게가 있어서 시끄럽겠네요. 底层是商店，看来会很吵啊！

2. -(으)ㄴ/는/(으)ㄹ지 알다/ 모르다

어떤 질문에 대해 알고 모름을 나타낼 때 사용하는 구문이다. 그 의문문에 나오는 서술어의 종류와 시제에 따라 '-(으)ㄴ/는/(으)ㄹ'이 선택되고 여기에 접속어미 '-지'와 '알다/ 모르다/ 궁금하다'가 붙어서 만들어진다. 의문사가 없는 의문문의 경우에는 대립이 되는 한 쌍의 질문이 함께 쓰인다.
知道或者不知道提出的某个问题时使用。根据疑问句的谓语和时态选择使用 '-(으)ㄴ/는/(으)ㄹ'后加上连词词尾 '-지'와 '알다/ 모르다/ 궁금하다'。没有疑问词的疑问句时使用对立的一对问题提问。

서술어(谓语)	문형(文型)	예문(例子)
형용사(形容词)	-(으)ㄴ지	제니 씨가 요즘 무엇 때문에 바쁜지 알아요? 知道제니最近为什么这么忙吗?
	-었/았는지	은영 씨가 어제 왜 기분이 나빴는지 궁금해요. 我想知道은영昨天为什么心情不好。
	-(으)ㄹ지	내일 날씨가 맑을지 흐릴지 모르겠어요. 不知道明天天气是晴还是阴。
동사(动词)	-는지	한솔 씨가 어떤 사람을 좋아하는지 알고 싶어요. 我想知道한솔喜欢什么样的人。
	-었/았는지	마이클 씨가 어디로 이사했는지 알아요? 你知道마이클搬到哪儿去了吗?
	-(으)ㄹ지	이사하는 날 누가 와서 도와줄지 모르겠어요. 不知道搬家那天谁会来帮忙。
-이다	-(이)ㄴ지	마이클 씨 생일이 언제인지 몰라요. 不知道마이클的生日是什么时候。
~ 있다/없다	-는지	지금 주인이 집에 있는지 없는지 궁금해요. 我想知道主人现在在不在家。

第 14 课
假日 <1>

1. -이/가 되다 / -이/가 -이/가 되다

주어가 무엇으로 변함을 나타내며, 서술어 '되다' 앞에는 보통 '-이/가'를 쓴다.
主语发生变化时使用，谓语'되다'前面一般要有 '-이/가'
(1) 봄이 되어서 날씨가 따뜻하네요. 春天来了天气真暖和啊！
(2) 우리 집 강아지가 큰 개가 되었어요. 我们家的小狗长大了。

2. -었/았다가

동사의 어간에 붙어서 그 행위가 일어난 후에 연이어 다른 행위가 일어남을 나타내며 보통 반대의 행위를 쓴다.
与动词的词干相连，紧接着发生两个动作，并且一般用相反的行为。
(1) 극장에 갔다가 표가 없어서 다시 집으로 왔어요. 到了剧场后，因为没有票又回家来了。
(2) 창문을 열었다가 추워서 다시 닫았어요. 开窗后因为冷又关上了。

3. 하도 -어/아서

어떤 일에 대한 원인을 나타낼 때 쓰이며, '하도'는 '매우'와 의미가 같으나 항상 연결어미와 함께 쓰인다.
表示某事的原因时使用。'하도'和'매우'的意思相同，但经常与连接语尾结合使用。
(1) 하도 집이 멀어서 이사를 했어요. 因为家离得很远就搬家了。
(2) 놀러 갔다가 하도 사람이 많아서 일찍 왔어요. 因为人太多去玩了以下就一早回来了。

第 14 课
假日 <2>

1. -어/아 가지고

연결어미 '-어/아서'의 의미를 강조하여 나타내는 표현이다. 이유나 원인을 나타내는 '-어/아서'와 동작이 시간적 순서로 이어짐을 나타내는 '-어/아서'를 모두 '-어/아 가지고'로 바꿀 수 있는데 보통 구어체에서 많이 쓰인다. 이때 '가지고'는 앞의 상태나 동작에 대한 보유의 뜻을 강하게 나타낸다.
强调连接语尾'-어/아서'的意思。表示理由或原因 '-어/아서'和表示按时间顺序发生动作的'-어/아서'都可以换成'-어/아 가지고'，一般多用于口语。这时强调有'가지고'前面的状态或者动作。
(1) 하도 심심해 가지고 친구를 만나서 영화를 봤어요. 因为很无聊就和朋友见面去看电影了。
(2) 어린이날 선물을 사 가지고 조카들한테 가야 돼요. 要买儿童节的礼物去见侄子们。

2. -(이)나

수량을 나타내는 명사 혹은 단위명사에 붙어 수량이 예상되는 정도를 넘었거나 아주 많음을 나타낼 때 쓴다.
用于表示数量的名词或者单位名词后，表示超过预想数量或很多时使用。
(1) 가: 저는 하루에 커피를 다섯 잔쯤 마셔요. 我一天要喝5杯左右的咖啡。
나: 다섯 잔이나 마셔요? 정말 많이 마시는군요. 要喝5杯？喝得可真多!
(2) 한솔 씨는 월급을 300만 원이나 받아요. 한솔月工资300万元啊。

3. -밖에

수량을 나타내는 명사 혹은 단위명사에 붙어 수량이 기대 수준에 미치지 못했다고 생각할 때 '-밖에'를 사용한다. 뒤에는 반드시 '안, 못, 없다, 모르다' 등의 부정 표현이 온다. 명사가 수량을 나타내지 않는 경우에도 오직 그 명사뿐임을 나타낼 때 쓰인다.
用于表示数量的名词或者单位名词后，表示数量没有达到期待的水平时使用。后面必须加'안, 못, 없다, 모르다'等否定词。名词前没有数量词时则表示只有这个名词。
(1) 저는 조카가 한 명밖에 없어요. 我只有一个侄子。

(2) 어제 잠을 5 시간밖에 안 잤어요.　我昨天只睡了5个小时。
(3) 저는 그 사람의 얼굴밖에 몰라요.　我只知道那个人的脸。

第 15 课
机场 <1>

1. -기는 하지만 / -기는 -지만 / -기는 했지만 / -기는 -었/았지만

동사나 형용사에 쓰여 상대방의 말을 일부는 긍정하지만 후행절에서는 일부분 부정하는 뜻을 나타낸다.
用于动词或者形容词后，表示部分肯定对方的话，但后一分句则表示否定一部分。
(1) 한국어 공부를 열심히 하기는 하지만 아직 잘 못해요.　虽然很努力学习韩语，但还是不好。
(2) 인천공항이 좋기는 좋지만 너무 멀어요.　仁川机场好是好，但是太远。
(3) 비행기표를 예매하기는 했지만 다시 취소했어요.　虽然预定了机票，但是又取消了。
(4) 탑승구를 찾기는 찾았지만 늦어서 비행기를 못 탔어요.　虽然找到了登机口，但还是晚了一点没赶上坐飞机。

2. ~ 뿐이다 / -(으)ㄹ 뿐이다

명사와 결합할 때는 오직 앞에 오는 명사만 있음을 나타낸다. 그리고 관형사형 어미 '-(으)ㄹ'의 수식을 받을 경우 그 행위만 있고 그 이외에는 더 없음을 나타낸다.
用于名词后边时，表示前面名词的唯一性。受冠形词词尾'-(으)ㄹ'的修饰时，则表示只有那行为，而以外的行为都没有。
(1) 제가 만들 수 있는 한국 요리는 라면뿐이에요.　我能做的韩国菜只是个拉面。
(2) 가: 아까 술 많이 마셨죠?　刚刚喝很多酒了吧？
　나: 아니요, 딱 한 잔만 마셨을 뿐이에요.　不是，只喝了一杯而已。

第 15 课
机场 <2>

1. -뿐만 아니라 -도 / -(으)ㄹ 뿐만 아니라 -도

'-뿐만 아니라' 앞에는 명사가 붙어서 '그 명사가 가리키는 사물만이 아니고 그에 더하여 후행 명사가 가리키는 사물까지도'의 뜻을 나타낼 때 사용한다. '-(으)ㄹ 뿐만 아니라'는 동사, 형용사, '-이다'가 붙어서 선행절의 동작이나 상태만이 아니라 후행절의 동작이나 상태를 더하여 가리킬 때 쓰인다. 선행절이 긍정이면 후행절도 긍정이고 선행절이 부정이면 후행절도 부정이어야 한다.
'-뿐만 아니라'用于名词后，表示除了那名词所指的事物以外还有后边的名词指的其他事物。'-(으)ㄹ 뿐만 아니라'是与动词、形容词、'-이다'结合，表示不只有前一分句的动作或状态，还有后一分句的动作或状态。如前一分句是肯定，那么后一分句也要是肯定。如前一分句是否定，那么后一分句也要是否定。
(1) 가: 김포공항에는 국내선만 있지요?　金浦机场只有国内线吧？
　나: 아니요, 국내선뿐만 아니라 국제선도 있어요.　不，不仅有国内线还有国际线。
(2) 가: 인천공항은 어떤 점이 좋아요?　仁川机场有什么优点？
　나: 넓을 뿐만 아니라 정말 깨끗해요.　不仅宽广而且很干净。

2. ~ 덕분에 / -(으)ㄴ 덕분에

'덕분+에'의 형태이며 '덕분'은 남에게 고마움을 의미한다. 명사와 결합하여 '그 명사의 고마움을 이유로 하여'의 뜻을 나타낸다. '-(으)ㄴ 덕분에'는 동사나 형용사 어간과 결합하여 그것의 도움으로 후행절의 좋은 결과를 이루었음을 나타낸다.
'덕분+에'的形式，'덕분'表示对别人存有感谢之情。与名词结合，表示对那个名词的感激。'-(으)ㄴ 덕분에'与动词或形容词词干结合，表示因为前面的帮助，才得到后一分句的好的结果。
(1) 선생님 덕분에 한국말을 잘 배울 수 있었어요.　托老师的福，韩语学得很好。
(2) 친구가 도와준 덕분에 출국 수속을 잘 끝냈어요.　多亏朋友的帮忙，出国手续很快就办好了。

文法と文型

第 1 課 紹介 <1>

1. ~ 전에 / -기 전에

앞선 동작이 이루어지기 전에 뒤의 동작이 먼저 이루어진다는 뜻이 있다. '~ 전에'는 명사와 결합하며 '-기 전에'는 동사와 결합한다.
前の動作が行われる前に後ろの動作が先に起こったという意味を持つ。'~ 전에'は名詞と結合し、'-기 전에'は動詞と結合する。

(1) 1년 전에 중국 북경에 있었어요.　1年前に中国の北京にいました。
(2) 한국에 오기 전에 대학교에 다녔어요.　韓国へ来る前に大学へ通っていました。

2. ~ 동안 / -는 동안

어떤 상태나 행위가 지속된 기간을 나타낸다. '~ 동안'은 명사와 결합하며, '-는 동안'은 동사와 결합한다.
ある状態や行為が継続している期間を示す。'~ 동안'は名詞と結合し、'-는 동안'は動詞と結合する。

(1) 한국어를 두 달 동안 공부했어요.　韓国語を2ケ月間勉強しました。
(2) 친구를 기다리는 동안 책을 읽었어요.　友だちを待っている間、本を読みました。

第 1 課 紹介 <2>

1. ~ 후에 / -(으)ㄴ 후에

선행문이 시간상 후행문보다 앞섬을 나타내며, 언제나 과거 관형형 어미 '-(으)ㄴ'을 쓴다. '~ 후에'는 명사와 결합하며 '-(으)ㄴ 후에'는 동사와 결합한다.
先行文の時間の時制が後行文より先に起こるという意味でいつも過去形の連体詞の語尾'-(으)ㄴ'を使う。
'~ 후에'は名詞と結合し、'-(으)ㄴ 후에'は動詞と結合する。

(1) 1년 후에 대학교에 가려고 해요.　1年後に大学へ行こうとしています。
(2) 시험이 끝난 후에 바로 고향에 갔어요.　試験が終わった後にすぐ故郷へ行きました。

2. -께서

주격 조사 '-이/가'의 높임말로서, 주어가 화자보다 나이가 더 많거나 사회적 위치가 높은 사람일 때 사용한다. 주격 조사 '-께서'를 사용할 때는 다음에 나타나는 서술어에 '-시-'를 붙여 사용한다.
主格助詞'-이/가'の敬語として主語が話し手より年上や社会的地位が目上の人の場合に使う。主格助詞'-께서'を使う時には次の述語に '-시-'を付けて使う。

(1) 어머니께서 지금 뭘 하세요?　お母さんは今、何をなさいますか。
(2) 우리 할아버지께서는 연세가 일흔 둘이세요.　私のお祖父さんは７２歳です。

第 2 課 招待 <1>

1. -께

여격 조사 '-에게'나 '-한테'의 높임말로서, 화자보다 나이가 많거나 사회적 위치가 높은 사람이 어떤 행위의 상대가 되는 것을 나타낸다.
与格助詞'-에게'や'-한테'の敬語として話し手より年上や社会的地位の目上の人が行為の相手になることを示す。

(1) 어제 부모님께 전화했어요.　昨日両親に電話をしました。

(2) 선생님께 선물을 드리고 싶어요.　先生にプレゼントを差し上げたいです。

2. -(이)나

명사와 결합하며 앞의 명사와 뒤에 오는 명사를 연결할 때 쓰인다. '사물을 임의로 열거해 놓고 그 중의 하나를 선택함'을 나타낸다.
名詞と結合し、先に置かれる名詞と後に置かれる名詞を繋げる時に使われる。物を任意に並べて置いてその中で一つを選ぶことを示す。

(1) 학교에 버스나 지하철로 와요.　学校へバスや地下鉄で来ます。
(2) 꽃이나 과일을 사가면 좋을 거예요.　花や果物を買って行くといいですよ。

第 2 課
招待 <2>

1. ~ 같다

명사와 결합하여 주어가 그 명사의 속성을 나타낼 때 사용한다. 명사 다음에는 '-와/과'가 붙어야 하나 보통 생략하여 쓰인다.
名詞と結合して主語がその名詞の属性を表す時に使う。名詞に続いて'-와/과'が付くが普通は省略して使う。

(1) 제 친구는 천재(와) 같아요.　私の友だちは天才みたいです。
(2) 제니 씨는 한국말을 잘해서 한국사람 같아요.　ジェニーさんは韓国語が上手なので韓国人みたいです。

2. -처럼

명사에 붙어서 모양이나 동작이 같거나 비슷하여 닮음을 나타낸다. 조사 '-같이'로 대치할 수 있다.
名詞に付き、形や動作が似ていることを表す。助詞'-같이'に置き換えられる。

(1) 은영 씨는 천사처럼 착해요.　ウンヨンさんは天使のようにいい人です。
(2) 저도 선생님처럼 한국말을 잘하면 좋겠어요.　私も先生のように韓国語が上手になりたいです。

3. -게

형용사 다음에 쓰여 문장에서 부사의 기능을 하며, 뒤에 오는 동사를 의미적으로 한정한다. 앞에 시제를 나타내는 어미가 올 수 없다.
形容詞の次に使われ、文章では副詞の働きをし、続いて置かれる動詞を意味的に限定する。先行文には時制を現す語尾が置かれない。

(1) 한국 사람들이 친절하게 말해요.　韓国の人たちは親切に話します。
(2) 얼굴이 인형처럼 예쁘게 생겼어요.　人形のようにかわいい顔付きをしています。

第 3 課
旅行 <1>

1. -(으)ㄴ 적이 있다/ 없다

관형형 어미인 '-(으)ㄴ'에 의존명사 '적'이 붙음으로써, 과거의 경험을 나타낸다. '적' 대신에 '일'을 사용해도 된다. 특히 시도를 나타내는 '-어/아 보다'와 잘 결합하여, '-어/아 본 적이 있다'나 '-어/아 본 일이 있다'와 같이 종종 사용된다.
連体詞の語尾'-(으)ㄴ'に依存名詞'적'が付くことで過去の経験を表す。'적'の代わりに'일'を使用してもよい。とくに試みることを表す'-어/아 보다'と相性がよく、'-어/아본 적이 있다'や'-어/아 본 일이 있다'のようにさまざまな使い方がある。

(1) 한국에서 산에 가 본 적이 있어요?　韓国で山に登ったことがありますか。
(2) 아직 한국 영화를 본 적이 없어요.　まだ韓国の映画を見たことがありません。

2. -어/아지다

형용사의 어간 뒤에 붙어서 어떤 상태의 변화를 나타낸다.
形容詞の語幹に付いてある状態の変化を表す。

(1) 요즘 지하철 요금이 비싸졌어요.　最近地下鉄の料金が高くなりました。
(2) 날씨가 추워지기 전에 우리도 단풍구경을 하러 갈까요?　寒くならないうちに私たちも紅葉狩りに行きましょうか。

第 3 課
旅行 <2>

1. −거나

연결어미로서 동사나 형용사 그리고 일부 '-이다'와 결합한다. '-거나' 앞에 '-었/았-'을 쓸 수 있으나 추정의 뜻을 가진 '-겠-'은 쓰지 않는다. 두 가지 이상의 행동, 상태, 존재를 나란히 나열하는 뜻을 나타낸다.

動詞、形容詞、一部の'-이다'と結合する連結語尾である。'-거나'の前に'-었/았-'を使えるが、推定の意味をもつ'-겠-'は使わない。二つ以上の行動、状態、存在を羅列する意味を表す。

(1) 여행사 버스를 이용하거나 기차를 탈 수 있어요.　旅行社のバスを利用したり列車にも乗れます。

(2) 저는 주말에 보통 책을 읽거나 요리를 해요.　私はいつも週末に本を読んだり料理をします。

2. −어/아야 되다

연결어미 '-어/아야'와 보조동사 '되다'가 결합한 형태로서 동사, 형용사, '-이다'와 결합한다. 청유형과 명령형은 쓰지 않는다. 마땅히 그래야 하는 상황이나 당위성을 나타낸다.

連結語尾'-어/아야'と補助動詞'되다'が結合した形で、動詞、形容詞、'-이다'と結合する。勧誘形と命令形は使わない。当然そうしなければならない状況や必然性を表す。

(1) 여행을 떠나기 전에 무엇을 사야 돼요?　旅行に出発する前に何を買うべきですか。

(2) 주말에는 미리 예약을 하셔야 돼요.　週末には前もって予約をしなければなりません。

第 4 課
趣味 <1>

1. ~ 때 / −(으)ㄹ 때 / −었/았을 때

관형형 어미 '-(으)ㄹ'에 명사 '때'가 결합한 형태로서, 어떤 행위나 상태의 시점을 말해 준다. 동사, 형용사, '-이다' 등의 형태와 결합할 수 있다. 과거 시제를 나타내는 '-었/았-'과 결합하기도 한다. 명사 '때'가 혼자 쓰이기도 한다.

連体詞の語尾に名詞'때'がついた形態で、ある行為や状態の時点を表す。動詞、形容詞、'-이다'などの形と結合できる。過去時制を表す'-었/았-'と結合したりもする。名詞'때'が独立して使われることもある。

(1) 방학 때 뭘 할 거예요?　休みのときは何をしますか。

(2) 다음에 산에 갈 때 같이 갑시다.　今度、山に登るときにいっしょに行きましょう。

(3) 한국에 처음 왔을 때 기분이 좋았어요.　韓国に初めて来たとき、楽しかったです。

2. −마다

명사 뒤에 붙어서 '빠짐없이, 모두'의 의미를 나타내는 보조사이다.

名詞の後に付いて'毎回、必ず'の意味を表す助詞である。

(1) 저는 주말마다 등산을 하거나 낚시를 하러 가요.　私は週末の度に山登りや釣りに行きます。

(2) 시간이 있을 때마다 영화나 비디오를 봐요.　時間がある度に映画やビデオを見ます。

3. −(이)든지

의문사 뒤에 붙어서 어떤 것이든 가리지 않는다는 것을 의미한다. 앞의 의문사가 자음으로 끝나면 '-이든지'와 결합하고, 모음으로 끝나면 '-든지'와 결합한다.

疑問詞の後に付いて、どんな物でもえり好みしないことを意味する。前の疑問詞が子音で終わる場合には'-이든지'が付き、母音で終われば'-든지'が付く。

(1) 저는 어떤 영화든지 다 좋아해요.　私はどんな映画でも好きです。

(2) 무엇이든지 물어 보세요.　何でも聞いて下さい。

第 4 課
趣味 <2>

1. -고 있다

연결어미 '-고'와 동사 '있다'가 결합한 보조동사이다. 동작의 진행을 나타내며, 과거의 진행을 나타내는 '-고 있었다'는 과거 한 시점에 일어난 일을 나타낼 때만 사용할 수 있다. 그밖에 착용동사와 결합하여 사용된다.
連結語尾'-고'と動詞'있다'が結合した補助動詞である。動作の進行を表し、過去の進行を表す'-고 있었다'は過去のある時点で起ったことを表すときのみ使うことができる。その他に着用動詞と結合して使われる。
(1) 지금 책을 읽고 있어요.　今、本を読んでいます。
(2) 아까 우리가 만났을 때 누구를 기다리고 있었어요?　さっき会った時、誰を待っていましたか。
(3) 제니 씨가 청바지하고 티셔츠를 입고 있어요.　ジェニーさんはジーパンとティーシャツを着ています。

2. -(으)로 만들다

'(으)로 만들다'는 재료명사와 결합해서 하나의 완성된 사물이나 음식의 원료를 나타낼 때 쓰인다. 앞의 명사가 모음이나 받침 'ㄹ'로 끝나면 '-로'를 쓰고 그밖의 자음으로 끝나면 '-으로'를 쓴다.
'(으)로 만들다'は材料名詞と結合して一つの完成された物や食べ物を表す時に使う。前の名詞が母音か'ㄹ'パッチムで終わるときは'-(으)로'を使い、それ以外の子音で終わるときは'-으로'を使う。
(1) 이 음식은 무엇으로 만들었어요?　この食べ物は何で作りましたか。
(2) 떡은 쌀로 만들어요.　餅は米で作ります。

第 5 課
学校の生活 <1>

1. -이/가 필요하다/ 필요없다

주격조사 '-이/가'와 형용사 '필요하다'가 결합한 형태로서, 주어의 필요성을 나타낸다. 부정형은 '-이/가 필요없다'이다.
主格助詞'-이/가'と形容詞'필요하다'が結合した形で、主語の必要性を表す。否定形は'-이/가 필요없다'である。
(1) 가: 학생증을 만들려고 하는데 무엇이 필요해요?　学生証を作りたいのですが何が必要ですか。
　나: 학생을 만들려면 사진이 필요해요.　学生証を作るためには写真が必要です。
(2) 가: 컴퓨터실을 이용하려고 하는데 학생증이 필요해요?　コンピューター室を利用したいのですが学生証が必要ですか。
　나: 아니요, 학생증은 필요없어요.　いいえ、学生証は必要ありません。

2. -고 싶어하다

동사의 어간 뒤에 붙어서 3인칭 주어의 소망이나 바람을 표현한다. 주어가 1인칭이거나 2인칭 의문형일 때는 '-고 싶다'를 써야 한다.
動詞の語幹に付き、3人称の主語の望みや願いを表現する。主語が1人称や2人称の疑問形であるときは'-고 싶다'を使わなければならない。
(1) 제 친구가 우리 학교에 입학하고 싶어해요.　私の友だちが私たちの学校に入りたがっています。
(2) 저는 컴퓨터를 배우고 싶은데 친구는 태권도를 배우고 싶어해요.　私はコンピュータを習いたいのですが友だちはテコンドーを習いたがっています。

第 5 課
学校の生活 <2>

1. ~ 때문에 / -기 때문에 / -었/았기 때문에

선행문이 후행문의 이유를 나타낸다. 이유를 나타내는 연결어미 '-(으)니까, -어/아서'에 비하여 의미가 더 강하다. 명사와 결합하여 '명사+때문에'로 쓰이며 동사와 결합하는 경우에는 '-기 때문에'로 쓰인다. 과거시제를 나타내는 '-었/았-'과 결합할 수 있으며, '왜냐하면 -기 때문이다'의 형태로도 쓰인다.
前の文が後の文の理由を表す。理由を表す連結語尾'-(으)니까、-어/아서'に比べて意味がもっと強い。名詞と結合して'名詞+

때문에'の形で使われ、動詞と結合する場合には'-기 때문에'の形で使われる。過去時制を表す'-었/았-'と結合することができ、'왜냐하면 -기 때문이다'の形で使われる。

(1) 교통사고 때문에 늦었어요. 交通事故のため遅れました。
(2) 집이 멀기 때문에 좀 불편해요. 家が遠いから大変です。
(3) 지금 방학이기 때문에 학교에 안 가요. 今は休み中のために学校へ行きません。
(4) 저는 오늘 지각했어요. 왜냐하면 지하철이 늦게 왔기 때문이에요. 私は今日遅刻しました。なぜならば、地下鉄が遅く来たからです。.

2. -지 그래요? / -지 그랬어요?

의문형으로 쓰여서 화자가 청자에게 자신의 의견을 완곡하게 제시할 때 사용한다. 특히 '-지 그랬어요?'는 화자가 청자의 과거 행동에 대해 그렇게 안 했으면 좋았다는 것을 말할 때 쓴다.
疑問形で使われ、話者が聞き手に自分の意見を婉曲に提示するときに使用する。とくに'-지 그랬어요?'は 話者が聞き手の過去の行為に対して、そうしなければ良かったのに、ということをいうときに使う。

(1) 학교에서 가까운 곳으로 이사하지 그래요? 学校から近い所に引っ越ししたらどうですか。
(2) 좀 더 열심히 공부하지 그랬어요? もっと頑張ったら良かったのに。

第6課
試験 <1>

1. 반말 (非敬语)

한국어에서는 청자와 화자의 나이, 사회적 지위, 관계 등에 따라 다양한 층위의 문장 종결어미가 있다. 반말은 일반적으로 친구나 나이가 어린 사람, 지위가 낮은 사람에게 쓰는 말로 격식체와 비격식체가 있다. 격식체의 경우 화자와 청자의 연령, 성별에 따라 제한을 받는 경우가 많으나 비격식체는 비교적 제한이 없이 쓰인다.
韓国語には聞き手と話者の年令、社会的地位、関係などによって様々なレベルの終結語尾がある。バンマルは一般的に友人や年下や地位が低い人に使う言葉であり、格式体と非格式体がある。格式体の場合は話者と聞き手の年令、性別によって制限を受けることが多いが 非格式体は比較的制限なしに使われる。

		서술문(叙述文)	의문문(疑問文)	명령문(命令文)	청유문勧誘文)	감탄문感歎文)
격식체 (形形的)	높임말 (敬語)	-ㅂ니다 -습니다	-ㅂ니까? -습니까?	-(으)십시오	-(으)ㅂ시다	
	반말 (非敬語)	(1) -다 -ㄴ/는다	(2) -니/으니? -냐/으냐? -니/냐/느냐?	(3) -어/아라	(4) -자	(5) -구나 -는구나
비격식체 (非形式的)	높임말 (敬語)	-어/아요				-군요 -는군요
		-이에요/예요				
	반말 (非敬語)	(1)(2)(3)(4) -어/아				(5) -군 -는군
		(1) -(이)야				

(1) 오랜만이다. 생일 축하한다. (오랜만이야. 생일 축하해.) 久しぶり。お誕生日おめでとう。
(2) 시험 공부 많이 했니?/했냐? (시험 공부 많이 했어?) 試験勉強はたくさんしたの。
(3) 시험 잘 봐라. (시험 잘 봐.) 試験頑張ってね。
(4) 이따가 3시에 만나자. (이따가 3시에 만나.) 後で3時に会おうよ。
(5) 요즘 열심히 공부하는구나. (요즘 열심히 공부하는군.) 最近、勉強頑張ってるね。

2. -을/를 위해서 / -기 위해서

'-기 위해서' 앞에 나오는 동사는 후행절에 나타나는 행위의 목적을 나타낸다. 반드시 동사와 결합하여야 하며, 선행절의 주어와 후행절의 주어는 항상 일치해야 한다. '위해서'가 명사와 결합하는 경우에는 목적격 조사인 '-을/를'을 취하게 된다.

'-기 위해서'の前に来る動詞は後の節に現れる行動の目的を表す。必ず動詞に付かなければならず、前の主語と後の節の主語は常に一致しなければならない。'위해서'が名詞と結合する場合には目的格の助詞'-을/를'を使う。
(1) 행복한 미래를 위해서 우리 열심히 공부하자. 幸せな未来のために一生懸命勉強しよう。
(2) 나는 한국어를 공부하기 위해서 한국에 왔어. 私は韓国語を勉強するために韓国に来た。

第 6 課
試験 <2>

1. -에 가는 길이다 / -에 가는 길에

'-에 가는 도중'의 뜻으로 쓴다.
'-へ行く途中'の意味で使う。
(1) 시험 공부하러 도서관에 가는 길이야. 試験勉強するために図書館に行く途中だよ。
(2) 집에 가는 길에 도서관에 들러서 책을 빌릴 거야. 家に帰る途中で図書館に寄って本を借りつもりよ。

2. -(으)ㄴ/는/(으)ㄹ 모양이다

화자가 사물의 모양을 보고 객관적인 입장에서 추측하여 말할 때 쓴다. 그러므로 1인칭 주어는 쓸 수 없다. '모양이다' 앞에 형용사나 '-이다'가 올 때는 '-ㄴ/은'과 결합해서 쓰이며 동사가 올 때는 시제에 따라 과거이면 '-ㄴ/은', 현재이면 '-는', 미래이면 '-ㄹ/을'과 함께 결합해서 쓰인다. '-있다/ 없다'의 경우는 '-는'과 함께 결합해서 쓰인다.
話者が事物の様子を客観的な立場から推測して言うときに使う。したがって1人称の主語は使えない。'모양이다'の前に形容詞や'-이다'が来るときには'-ㄴ/은'と結合して使われ、動詞が来るときは時制によって過去ならば'-ㄴ/은'、現在ならば'-는'、未来ならば'-ㄹ/을'とともに使われる。'-있다/없다'の場合は'-는'とともに使われる。
(1) 제니 씨가 성적이 좋은 모양이야. ジェニーさんは成績が良さそうだ。.
(2) 한솔 씨가 화가 난 모양이야. ハンソルさんが怒ったようだ。
(3) 은영 씨가 지금 방에서 자는 모양이야. ウンヨンさんが今、部屋で寝ているようだ。.
(4) 마이클 씨가 고향에 안 갈 모양이에요. マイケルさんが故郷へ行かないようだ。
(5) 은영 씨가 집에 없는 모양이에요. ウンヨンさんが家にいないようだ。

第 7 課
出会い <1>

1. ~ 중에서 제일 / -에서 제일

여러 사람이나 사물 가운데에서 정도가 가장 큰 것을 나타내며, '~ 중에서' 앞에는 명사가 온다. 그리고 '제일' 뒤에는 보통 형용사나 동사가 온다. 앞에 나오는 명사가 여러 개의 명사를 포함할 때는 '~ 중에서'를 사용하며 하나의 명사를 나타낼 때는 '-에서'를 사용한다.
たくさんの人や事物のうちで程度がもっとも大きいことを表し、'~중에서'の前には名詞が来る。そして'제일'の後には一般に形容詞や動詞が来る。前に来る名詞が多くの名詞を含むときには'~중에서'を使い、単一の名詞を表すときは'-에서'を使用する。
(1) 우리 반 학생들 중에서 누가 제일 키가 커? このクラスの中で誰が一番背が高い。
(2) 세상에서 제일 사랑하는 사람은 우리 가족들이에요. 世界でもっとも愛する人は私の家族です。

2. ~ 만에

시간을 나타내는 명사와 조사 '-에'가 결합한 형태로서, 어떤 일이 일어난 지 얼마 후에 다른 일이 일어남을 나타낸다. '만에' 다음에는 서술어로 동사가 오는데, 특별히 '끝나다', '끝내다', '다 하다' 등의 동사와 결합할 때는 걸리는 시간을 나타내기도 한다.
時間を表す名詞と助詞'-에'が結合した形であり、あることがらが起きてからしばらく後に他のことが起こることを表す。'만에'の後には述語として動詞が来るが、特別に'끝나다', '끝내다', '다 하다'などの動詞と結合したときはかかった時間を表したりもする。
(1) 졸업하고 딱 10년 만에 만났어요. 卒業してからちょうど10年ぶりに会いました。
(2) 숙제를 1시간 만에 다 끝냈어요. 宿題を1時間で終えました。
(3) 일주일 만에 청소했는데 청소를 30분 만에 다 끝냈어요. 一週間ぶりに掃除をしたが、掃除を30分で終えました。

第 7 課
出会い <2>

1. -어/아서 그렇다 / -어/아서 그랬다

이유를 나타내는 연결어미 '-어/아서'와 '그렇다'가 결합한 형태로 상대방의 말에 그 원인이나 이유를 들어 대답할 때 쓰인다. '그렇다'는 상대방의 질문 내용을 반복하지 않고 대신하여 쓰는 말이다. 현재의 일에 대한 이유를 나타낼 때는 '그렇다'를 과거의 일에 대한 변명을 나타낼 때는 '그랬다'를 쓴다.
理由を表す連結語尾'-어/아서'と'그렇다'が結合した形であり、相手の話に対してその原因や理由をあげて答えるときに使われる。'그렇다'は相手の質問内容を反復せずに代わりに用いる言葉である。現在の状況の理由を表す時には '그렇다'を、過去のことの言い訳を表す時には'그랬다'を使う。

(1) 가: 왜 점심을 안 먹어요?　どうして昼ごはんを食べないのですか。
　나: 배가 불러서 그래요. (=안 먹어요.)　お腹いっぱいだからです。
(2) 가: 왜 남자친구하고 헤어졌어?　どうして彼氏と別れたの。
　나: 성격이 너무 안 맞아서 그랬어. (= 헤어졌어.)　性格が合わなかったからです。(別れた)

2. -보다 더 ~

'-보다'는 비교의 대상이 명사에 붙어서 두 사물을 비교하기 위해 쓰인다. '더', '더욱', '훨씬' 등의 부사가 자주 나타나기도 한다.
'-보다'は比較対象となる名詞に付けてふたつの事物をくらべるために使われる。'더', '더욱', '훨씬'などの副詞がしばしば付いたりもする。

(1) 러시아 어가 한국어보다 더 어려워요.　ロシア語が韓国語よりもっと難しいです。
(2) 건강보다 더 중요한 것은 없어요.　健康よりもっと大事なものはありません。

第 8 課
郵便局 <1>

1. -기로 하다

어떤 일을 약속하거나 결정할 때 혹은 결심할 때 쓰며, 좀 더 구체적으로 '-기로 약속하다/결정하다/결심하다'로 쓰기도 한다.
ある事がらを約束、決定、決心するときに使い、もう少し具体的に'-기로 약속하다/결정하다/결심하다'と使ったりもする。(1)

(1) 편지를 내일까지 보내 주기로 (약속)했어요.　手紙を明日までに送ってくれるようにしました。
(2) 공부가 끝난 후에 대학교에 입학하기로 (결정)했어요.　勉強が終わった後、大学に進学する事にしました。
(3) 오늘부터 열심히 공부하기로 (결심)했어요.　今日から一所懸命勉強する事にしました。

2. -(으)로

명사에 붙어서 부사어를 만드는 조사이며, 선택되는 대상에 붙어 '-을/를 (골라서)'의 뜻으로 쓰인다.
名詞に付いて副詞語をつくる助詞であり、選択した対象に付いて'-을/를 (選んで)'の意味で使われる。

(1) 선물을 소포로 보내 주세요.　プレゼントを宅急便で送ってください。
(2) 국내특급우편으로 보내면 내일까지 도착할 거예요.　国内特急郵便で送ったら明日までに着きます。

3. -(으)ㄹ 필요가 있다/ 없다

동사에 관형형 어미 '-(으)ㄹ'이 결합하여 그 행위의 필요성 유무를 나타낸다. '-(으)ㄹ 필요가 있다'는 의문형으로 많이 쓰이며 어떤 상황이나 일에 대한 회의나 이의 제기를 할 때 사용한다. 서술문으로 쓰일 때는 '-(으)ㄹ 필요가 없다'와 같이 부정형으로 쓰이는 것이 일반적이다.
動詞に連体詞の語尾'-(으)ㄹ'が付いてその行為の必要性の有無を表す。'-(으)ㄹ 필요가 있다'は義務形としてよく使われ、ある状況や事がらに対する懐疑や異議を提起するときに使われる。叙述文で使われるときは'-(으)ㄹ 필요가 없다'のように否定形で使われるのが一般的である。

(1) 결혼을 할 필요가 있을까요?　結婚をする必要があるのでしょうか。
(2) 중요한 서류가 아니니까 등기우편으로 부칠 필요가 없어요.　大事な書類ではないですから書留郵便で送る必要はありません。

第 8 課
郵便局 <2>

1. -이/가 아니라

주어 명사구와 '아니다'의 어간에 연결어미 '-라'가 붙은 '아니라'가 결합한 형태로서, '-이/가 아니라 -(이)다'의 문장형식을 쓴다. 선행절과 후행절의 내용이 서로 대칭이 되며 '-라'는 선행절이 후행절과 관련이 있음을 나타낸다.
主語の名詞句と'아니다'の語幹に連結語尾'-라'が付いた'아니라'が結合した形で、'-이/가 아니라 -(이)다'の文章形式で使う。前の節と後の節の内容が互いに対称的であり、'-라'は前の節が後の節と関連があることを表す。
(1) 이것은 편지지가 아니라 편지봉투예요.　これは便箋ではなく封筒です。.
(2) 이번 주 일요일이 아니라 다음 주 일요일이에요.　今週の日曜日ではなく来週の日曜日です。

2. -어/아하다

상태를 나타내는 형용사에 '-어/아하다'가 결합하여 형용사를 동사로 만든다. 이때 동사는 화자의 감정이나 심리상태를 나타내며 3인칭 주어와 함께 사용된다.
状態を表す形容詞に'-어/아하다'が付いて形容詞を動詞化する。このときは動詞は話者の感情や心理状態を表し、3人称の主語といっしょに使用する。
(1) 한국말로 쓰면 선배 언니가 더 기뻐할 거예요.　韓国語で書いたら先輩がもっと嬉しがると思います。
(2) 결혼을 할 때 친구가 아주 행복해했어요.　結婚の時友達はとても幸せそうでした。
(3) 제가 숙제를 도와줘서 친구가 고마워했어요.　私が宿題を手伝ってあげたので、友達がありがたく思いました。

3. -기(를) 바라다

동사에 붙어 바라는 바를 나타낼 때 쓰는 표현이다. 가끔 '건강하다', '행복하다' 등의 형용사에 붙어 쓰이기도 하며 '-를'이 생략되기도 한다.
動詞に付き、そうであることを期待する表現である。ときには'건강하다', '행복하다'などの形容詞に付いて使われたり、'-를'が省略されたりもする。
(1) 오늘 재미있게 지내기를 바랍니다.　今日楽しく過ごしてください。
(2) 항상 건강하시기를 바랍니다.　いつも体を大事にしてください。
(3) 조심해서 운전하시기 바랍니다.　気を付けて運転してください。

第 9 課
健康 <1>

1. -(으)로

원인, 이유, 근거가 되는 말에 붙어 '-이/가 원인이 되어'의 뜻을 가진다.
原因、理由、根拠となる言葉に付いて'-이/가 原因になって'の意味を表す。
(1) 요즘 감기로 고생하는 사람이 아주 많아.　最近風邪のために大変な人が多いよ。
(2) 할아버지께서 지난달에 암으로 돌아가셨어요.　お祖父さんは先週に癌で亡くなりました。

2. -이/가 -에 좋다/ 나쁘다 / -는 것이 -에 좋다/ 나쁘다

주어가 뒤에 오는 대상에 좋은지 나쁜지를 나타낼 때 사용하는 문형이다. '-에'는 대상이 되는 명사와 결합하는데 문장의 앞에 나올 때는 '-는'과 결합하여 쓰인다. 주어에 명사가 올 때는 '-이/가'가 쓰이고 동사가 올 때는 '-는 것이'가 쓰인다.
主語が後に来る対象にとって良いか悪いかを表す文型である。'-에'は対象となる名詞に付くが、文章が前に来るときは'-는'と結合して使われる。主語に名詞が来るときは'-이/가'が使われ、動詞が来るときは'-는 것이'が使われる。
(1) 마늘의 건강에 좋아요.　にんにくは健康にいいです。
(2) 감기에는 약 먹고 푹 쉬는 것이 좋아요.　風邪には薬を飲んでゆっくり休むのが良いです。
(3) 담배를 피우는 것이 건강에 나빠요.　タバコを吸うのは健康に悪いです。

3. 'ㅅ' 불규칙동사

'낫다', '붓다' 등 어간에 'ㅅ' 받침이 있는 동사 혹은 형용사는 모음 앞에서 'ㅅ'이 떨어진다.
'낫다', '붓다'など語幹に'ㅅ'パッチムが付いた動詞または形容詞は母音の前で'ㅅ'が脱落する。
(1) 눈병이 다 나았어요.　眼病はすべて治りました。
(2) 병원에 가서 주사를 맞으면 나을 거야.　病院へ行って注射したら治ると思うよ。

第 9 課
健康 <2>

1. 피동사 (-이/히/리/기-/ -어/아지다)

피동사는 타동사에 접사 '-이/히/리/기-'를 붙이거나 '-어/아지다'를 붙여서 만드는데 이때 타동사의 목적어는 피동사의 주어로 바뀐다. 피동형은 주어의 행동과 동작보다는 그 행동으로 인하여 영향을 받아서 생긴 상황이나 결과를 나타낼 때 쓰인다. 모든 동사를 피동형으로 만들 수 있는 것도 아니고 접사 선택도 일정한 규칙이 있다고 볼 수 없으므로 보통 어휘화된 형태로 받아들여진다.
被動詞（受身形）は他動詞に接辞'-이/히/리/기-'を付けたり'-어/아지다'を付けてつくるが、そのときに他動詞の目的語は被動詞（受身）の主語に変わる。被動形（受身形）は主語の行動と動作よりは、その行動により影響を受けて生じる状況や結果を表すときに使われる。すべての動詞を被動形（受身形）にできるわけではなく、接辞の選択にも一定の規則があるわけではないので、普通は独立した語彙として受け入れることになる。

피동접사 (被動接辭)	기본동사 (基本動詞)	피동사 (受身形)	예　문 (例文)
-이-	보다	보이다	안경을 써서 칠판 글씨가 잘 보여요. めがねをかけると黒板の字が良く見える。
-히-	닫다	닫히다	약국 문이 몇 시에 닫혀요? 薬局は何時に閉まりますか。
-리-	열다	열리다	창문이 열려서 방이 추워요. ドアが開いていて部屋が寒いです。
-기-	끊다	끊기다	엘리베이터에서 휴대폰이 끊겼어요. エレベータの中で携帯電話が切れました。
-어/아지다	끄다	꺼지다	바람이 불어서 촛불이 꺼졌어요. 風が吹いたので、ろうそくの火が消えました。

2. -(으)면 -(으)ㄹ 텐데

'-(으)면'은 조건을 나타내는 연결어미로 선행절은 후행절에 대하여 가정적 조건을 나타낸다. 또한 이것과 결합하는 '-(으)ㄹ 텐데'는 동사, 형용사, '-이다'와 결합하며 앞으로의 소망을 나타낸다. 주어가 1인칭인 경우 '-었/았-'과 결합하면 과거에 대한 후회를 나타낸다. '-(으)면'은 '-겠-'과 함께 쓰이지 않는다.
'-(으)면'は条件を表す連結語尾で、前の節は後の節に対して仮定的条件を表す。またこれと結合する'-(으)ㄹ 텐데'は 動詞、形容詞、'-이다'に付いて未来の願望を表す。主語が1人称の場合に'-었/았-'と結合すると過去に対する後悔を表す。'-(으)면'は'-겠-'といっしょには使わない。
(1) 제니 씨가 감기가 빨리 나으면 좋을 텐데…….　ジエニーさんが風邪が早く治れば良いのに。
(2) 제니 씨가 안 바쁘면 같이 영화를 보러 갈 텐데…….　ジエニーさんが忙しくなければ一緒に映画を見に行くのに。
(3) 아이스크림을 많이 안 먹었으면 배탈이 안 났을 텐데…….　アイスクリームをたくさん食べていなければ腹をこわさなかったのに。

第 10 課
天気 <1>

1. -(으)ㄹ 뻔했다

조금만 잘못했으면 그와 같은 상태가 되었을 것인데 다행히 그렇게 되지 않았음을 나타낸다. '죽다', '다치다' 등과 같은 부정적인 의미의 동사와 자주 결합해서 쓰인다.
少し間違えばそのような状態になるところだったが、幸いにしてそうならなかったことを表す。しばしば'죽다', '다치다'などのような否定的な意味の動詞に付く。

(1) 눈 때문에 길이 막혀서 지각할 뻔했어요.　雪のために道が込んで遅刻するところだった。
(2) 교통사고가 나서 죽을 뻔했어요.　交通事故が起きて死ぬところだった。

2. -다가

선행 동사의 동작이 상황이 중단되거나, 전환을 하는 경우에 사용하는 연결어미로 동사와 결합한다. 선행절과 후행절의 주어가 같아야 한다.
前の動詞の動作の状態が中断したり転換する場合に使う連結語尾で動詞に付く。前の節と後の節の主語は同じでなければならない。
(1) 은행에 가다가 비를 많이 맞았어요.　銀行に行っていたところ雨に降られました。
(2) 수영하다가 물에 빠져서 죽을 뻔했어요.　水泳をしていたところ溺れて死ぬところでした。
(3) 오전에는 맑다가 오후부터 흐려지겠습니다.　午前には晴れますが午後から雲りになりそうです。

第10課
天気 <2>

1. -다고 하다 / -(이)라고 하다 / -냐고 하다 / -(으)라고 하다 / -자고 하다

다른 사람한테 들은 말을 간접적으로 인용하여 전달하는 구문으로 간접화법이라고 한다. 간접화법의 종결어미는 아주 낮춤을 나타내는 서술형 종결어미, '-(ㄴ/는)다', 의문형 종결어미 '-냐', 청유형 종결어미 '-자', 명령형 종결어미 '-라'에 '-고 (말)하다'를 붙여서 쓴다. '-(으)라고 하다'의 경우 '-라고'는 받침이 없는 동사와 'ㄹ'받침으로 끝나는 동사에 쓰이며. '-으라고'는 받침이 있는 동사에 쓰인다. 他の人から聞いた話を間接的に引用して伝達する構文で間接話法という。間接話法の終結語尾はもっともぞんざいな表現の叙述述形終結語尾'-(ㄴ/는)다'、疑問形終結語尾'-냐'、勧誘形終結語尾'-자'、命令形終結語尾'-라'に'-고 (말)하다'を付けて使う。'-(으)라고 하다'の場合、'-라고'はパッチムのない動詞と'ㄹ'パッチムで終わる動詞に使われ、'-으라고'はパッチムのある動詞に使われる。

	서술문(叙述文)	의문문(疑問文)	명령문(命令文)	청유문勧誘文)	
형용사(形容詞)	(1) -다고	(4) -(으)냐고			+ (말)하다
동사(動詞)	(2) -ㄴ/는다고	-(느)냐고	(5) -(으)라고	(6) -자고	
명사(名詞)	(3) -(이)라고	-(이)냐고			

(1) 일기예보에서 오늘은 날씨가 맑다고 했어요.　天気予報で今日は天気が晴れだと言っていました。
(2) 일기예보에서 오늘밤에 비가 온다고 했어요.　天気予報で今夜雨が降ると言いました。
(3) 은영 씨가 제일 좋아하는 계절은 봄이라고 했어요.　ウンヨンさんが一番好きな季節は春だと言いました。
(4) 한솔 씨가 지금 밖의 날씨가 어떠냐고 했어요.　ハンソルさんが外の天気はどうかと言いました。
(5) 친구가 날씨가 추우니까 감기 조심하라고 했어요.　友だちが気候が寒いから風邪に気を付けてと言いました。
(6) 동생이 비가 오니까 우산을 사자고 했어요.　妹(弟)が雨が降るから傘を買おうと言いました。

第11課
電話 <1>

1. -(이)라고 하다

어떤 사람과 사물의 이름이나 의미를 소개할 때 사용하는 어미로 명사와 결합한다. 받침이 있는 명사는 '-이라고 하다'와 결합하고 받침이 없는 명사는 '-라고 하다'와 결합한다.
ある人物や事物の名前や意味を紹介するときに使う語尾で名詞に付く。パッチムのある名詞には'-이라고^하다'が付き、パッチムのある名詞には'-라고 하다'が付く。
(1) 저는 김성수라고 합니다.　私はキムソンスと申します。
(2) 이것을 한국말로 '휴대폰'이라고 해요.　これは韓国語で'携帯電話'と言います。

2. -다고요?

상대방의 말을 듣고 그 말을 다시 반복하여 질문하는 구문으로, 간접화법의 형태에 의문종결어미 '-요'가 결합하여 '-(ㄴ/는)다고요?',

'-(이)라고요?', '-(느/으)냐고요?', '-(으)라고요?', '-자고요?'의 형식으로 쓰인다. 다른 사람에게 들은 말을 그 자리에서 다시 확실하게 확인하는 경우와 들은 말이 의외여서 놀란 경우에 쓰인다.
相手の話を聞いてその言葉をそのまま反復して質問する構文で、間接話法の形態に疑問の終結語尾'-요'が付いて'-(ㄴ/는)다고요?', '-(이)라고요?', '-(느/으)냐고요?', '-(으)라고요?', '-자고요?'の形式で使われる。他の人から聞いた話をその場で再び正確に確認する場合や、聞いた話が意外なので驚いた場合に使われる。
(1) 가: 12시에 만나자고 전해 주세요.　12時に会おうと伝えてください。
　나: 12시에 만나자고요? 네, 전해 드리겠습니다.　12時に会いましょうって。はい、伝えます。
(2) 가: 오늘 저녁 모임이 취소되었어요.　今晩の集まりはキャンセルになりました。
　나: 뭐라고요? 오늘 저녁 모임이 취소되었다고요?　何であって。今晩の集まりがキャンセルになりましたって。

第 11 課
電話 <2>

1. −을/를 달라고(주라고) 하다 / −어/아 달라고(주라고) 하다

동사 '주다'는 목적어를 받는 대상이 누구냐에 따라서 간접화법 구문에서 사용하는 동사가 달라진다. 목적어를 받는 대상이 1인칭이면 동사는 '달라고 하다'가 되고 대상이 3인칭이면 동사는 '주라고 하다'가 된다. 다시 말하면 화자 자신이 어떤 사물이 필요할 경우에는 '달라고 하다'를 쓰고 제 3자가 필요로 하는 경우에는 '주라고 하다'를 쓴다.
動詞'주다'は目的語をもらう対象がだれであるかによって間接話法の構文で使用される動詞が変わる。目的語をもらう対象が1人称ならば動詞は'달라고 하다'になり、対象が3人称ならば動詞は'주라고 하다'になる。つまり話者自身がある事物を必要とする場合には'달라고 하다'を使い、第3者が必要とする場合には'주라고 하다'を使う。
(1) 은영 씨가 저한테 그 책을 빨리 달라고 했어요.　ウンヨンさんが私にその本を早くくれと言いました。
(2) 은영 씨가 저한테 그 책을 마이클 씨한테 주라고 했어요.　ウンヨンさんが私にその本をマイケルさんに渡してあげろと言いました。
(3) 어머니께서 저한테 청소를 도와 달라고 했어요.　お母さんが私に掃除を手伝ってくれと言いました。
(4) 어머니께서 저한테 동생한테 컴퓨터를 가르쳐 주라고 했어요.　お母さんが私に弟（妹）にコンピュータを教えてあげてほしいと言いました。

2. 한 ~도

최소의 수량으로 비교함으로써 강조하는 표현이다. 정도를 나타내는 말에 붙어서 그 정도가 기대보다 적음을 나타낸다. 다음에는 '안, 못, 없다, 모르다' 등의 부정 표현이 따른다.
最小の数量で比較することによって強調する表現である。程度を表す言葉に付き、その程度が期待より少ないことを表す。後には'안, 못, 없다, 모르다'などの否定表現が付く。
(1) 한국 요리를 한 번도 해 본 적이 없어요.　韓国の料理は一回もしたことないです。
(2) 오늘 전화가 한 통도 안 왔어요.　今日、電話が一回もありませんでした。

第 12 課
韓国の生活 <1>

1. −(으)ㄹ 줄 알다/ 모르다

어떤 행위의 방법을 아는지, 모르는지, 또는 능력이 있는지, 없는지를 나타낸다. 이때는 동사하고만 어울리며, 관형사형 어미는 '-(으)ㄹ'만 쓸 수 있다.
ある行為の方法を知っているか知らないか、または能力があるかないかを表す。この場合、動詞にのみ付き、連体詞の語尾'-(으)ㄹ'だけを使うことができる。
(1) 저는 자전거를 탈 줄 알아요.　私は自転車に乗ることが出来ます。
(2) 처음 한국에 왔을 때는 매운 음식을 먹을 줄 몰랐는데 지금은 잘 먹어요.　私は韓国に初めて来たときには辛い物を食べることが出来ませんでしたが、今は良く食べられます。

2. −지요

의문문으로 사용할 때는 부드럽고 친근하게 상대방의 의견을 묻는 어미로 쓰이며, 서술문으로 사용할 때는 당연히 그러함을 나타내는 어미로 쓰인다.
疑問文の場合には柔らかく親しげに相手の意見を問う語尾として使われ、叙述文では当然そうであることを表す語尾として使われる。
(1) 가: 이번 학기 한국어 공부가 재미있지요?　今の学期の韓国語の勉強が楽しいでしょう。
　나: 물론이지요.　もちろんです。
(2) 가: 우리 학교에서 얼마 동안 공부하셨지요?　この学校でどのぐらい勉強されたのでしょうか。
　나: 6개월 동안 공부했어요.　6ケ月間勉強しました。
(3) 가: 시험을 잘 보려면 어떻게 해야 하지요?　試験を良い点を取るにはどうしたら良いでしょうか。
　나: 날마다 열심히 공부해야지요.　毎日一生懸命勉強するしかないですね。

第 12 課
韓国の生活 <2>

1. -(이)나?

수량을 물어볼 때 사용하는 구문인 '몇+ (단위명사)' 뒤에 붙어 의문문을 만든다. 정확한 대답을 요구하지 않는 질문을 할 때 쓰인다.
数量を問うときに使う構文'몇+(単位名詞)?'に付いて疑問文をつくる。正確な返答を求めない質問をするときに使われる。
(1) 가: 한국에서 한 달에 식비가 얼마나 들어요?　韓国で1ケ月の食費はどのくらいかかりますか。
　나: 30만 원쯤 들어요.　30万ウォンくらいかかります。
(2) 가: 하루에 커피를 몇 잔이나 마셔요?　一日にコーヒーを何杯くらい飲みますか。
　나: 보통 세 잔쯤 마셔요.　大体3杯ぐらい飲みます。

2. -(으)ㄴ/는/(으)ㄹ 것 같다

동작이나 상태에 대한 화자의 추측 또는 불확실한 단정을 나타낸다. 동사, 형용사, '-이다'에 붙어서 쓰인다.
動作や状態に対する話者の推測または不確実な断定を表す。動詞、形容詞、'-이다'に付いて使われる。
(1) 한국 사람들이 다른 나라 사람들보다 친절한 것 같아요.　韓国人は他の国の人よりも親切なようです。
(2) 친구들 중에서 누가 아침을 안 먹은 것 같아요?　友だちの中で誰が朝ご飯を食べなさそうですか？
(3) 제 생각에는 두 사람이 사랑하는 것 같아요.　私の考えでは二人は愛し合っているみたいです。
(4) 3년쯤 공부하면 한국 사람처럼 한국말을 잘할 수 있을 것 같아요.　3年ぐらい勉強したら韓国人のように韓国語が出来ると思います。
(5) 세상에서 제일 어려운 말은 한국말인 것 같아요.　世界で一番難しい言葉は韓国語らしいです。

第 13 課
引越し <1>

1. -부터

어떤 행동이나 대상을 '시작으로 하여'의 뜻이며 그 다음에 다른 행동이 있을 것을 암시한다. 이때 결합하는 명사는 시간을 나타내는 명사가 아니다. '우선', '먼저' 등과 함께 쓰이기도 한다.
ある行動や対象を'시작으로 하여'という意味で使い、続いてその以外の行動がある暗示を与える。このときに結合する名詞は時間を表す名詞ではない。'우선', '먼저'などと共に使われたりもする。
(1) 이사하려면 먼저 이사할 집부터 찾아야 돼요.　引っ越しするならまず家から見つけなければ。
(2) 짐이 많으니까 이삿짐센터에 전화부터 하세요.　荷物が多いので引っ越しセンターにまず電話してください。

2. -(으)면 안 될까요?

어려운 부탁을 할 때 쓰며 조심스럽게 상대방의 의향을 묻는 구문으로 동사의 어간에 붙는다.
難しい依頼をするときに使い、控え目に相手の意向を問う構文で、動詞の語幹に付く。
(1) 이삿짐을 좀 싸 주시면 안 될까요?　引っ越し荷物を包んでいただいてもいいですか。
(2) 빈 자리가 없는데 옆 자리에 앉으면 안 될까요?　空いている席がないのですが、となりに座ってもいいですか。

第 13 課
引越し <2>

1. −네요

말하는 사람이 직접 경험하여 새롭게 알게 된 사실을 감탄하여 말할 때 쓴다.
話者が直接経験して新たに知った事実を感嘆して語るときに使う。
(1) 방이 넓고 좋네요. 部屋が広くて良いですね。
(2) 아래층에 가게가 있어서 시끄럽겠네요. 下にお店があってうるさいでしょうね。

2. −(으)ㄴ/는/(으)ㄹ지 알다/ 모르다

어떤 질문에 대해 알고 모름을 나타낼 때 사용하는 구문이다. 그 의문문에 나오는 서술어의 종류와 시제에 따라 '-(으)ㄴ/는/(으)ㄹ'이 선택되고 여기에 접속어미 '-지'와 '알다/ 모르다/ 궁금하다'가 붙어서 만들어진다. 의문사가 없는 의문문의 경우에는 대립이 되는 한 쌍의 질문이 함께 쓰인다.
ある質問に対して知っているか知らないかを表すときに使われる構文である。その疑問文に使われる叙述語の種類と時制によって'-(으)ㄴ/는/(으)ㄹ'が選択され、そこに接続語尾'-지'と'알다/ 모르다/ 궁금하다'が付いてつくられる。疑問詞のない疑問文の場合には相反する質問が対となって使われる。

서술어(叙述語)	문형(文型)	예 문(例文)
형용사(形容詞)	-(으)ㄴ지	제니 씨가 요즘 무엇 때문에 바쁜지 알아요? この頃ジェニーさんがどうして忙しいのか分かりますか
	-었/았는지	은영 씨가 어제 왜 기분이 나빴는지 궁금해요. 昨日なぜウンヨンさんが不快だったのか知りたいです
	-(으)ㄹ지	내일 날씨가 맑을지 흐릴지 모르겠어요. 明日の天気が晴れか曇りかわかりません
동사(動詞)	-는지	한솔 씨가 어떤 사람을 좋아하는지 알고 싶어요. ハンソルさんはどんな人が好きか知りたいです
	-었/았는지	마이클 씨가 어디로 이사했는지 알아요? マイケルさんがどこに引っ越したのか分かりますか
	-(으)ㄹ지	이사하는 날 누가 와서 도와줄지 모르겠어요. 引っ越の日誰が来て手伝ってくれるかわかりません
−이다	-(이)ㄴ지	마이클 씨 생일이 언제인지 몰라요. マイケルさんのお誕生日がいつなのかわかりません
있다/ 없다	-는지	지금 주인이 집에 있는지 없는지 궁금해요. 今主人が家にいるかどうか知りたいです.

第 14 課
休日 <1>

1. −이/가 되다 / −이/가 −이/가 되다

주어가 무엇으로 변함을 나타내며, 서술어 '되다' 앞에는 보통 '-이/가'를 쓴다.
主語が変化することを表し、叙述語'되다'の前には普通'-이/가'が使われる。
(1) 봄이 되어서 날씨가 따뜻하네요. 春になって暖かいですね。
(2) 우리 집 강아지가 큰 개가 되었어요. 私の犬が大きくなりました。

2. −었/았다가

동사의 어간에 붙어서 그 행위가 일어난 후에 연이어 다른 행위가 일어남을 나타내며 보통 반대의 행위를 쓴다.
動詞の語幹に付き、その行為が行われた後に、続いて他の行為が行われることを表す。普通は反対の行為に使う。
(1) 극장에 갔다가 표가 없어서 다시 집으로 왔어요. 映画館へ行ったのにチケットがないので家に帰って来ました。
(2) 창문을 열었다가 추워서 다시 닫았어요. ドアを開けたら寒くて閉めました。

3. 하도 −어/아서

어떤 일에 대한 원인을 나타낼 때 쓰이며, '하도'는 '매우'와 의미가 같으나 항상 연결어미와 함께 쓰인다.
あることの原因を表すときに使われ、'하도'は'매우'と意味が同じだが常に連結語尾といっしょに使われる。
(1) 하도 집이 멀어서 이사를 했어요. あまりにも家が遠くて引っ越しをしました。
(2) 놀러 갔다가 하도 사람이 많아서 일찍 왔어요. 遊びに行ったがあまりにも人が多くて早く帰りました。

第 14 課
休日 <2>

1. −어/아 가지고

연결어미 '-어/아서'의 의미를 강조하여 나타내는 표현이다. 이유나 원인을 나타내는 '-어/아서'와 동작이 시간적 순서로 이어짐을 나타내는 '-어/아서'를 모두 '-어/아 가지고'로 바꿀 수 있는데 보통 구어체에서 많이 쓰인다. 이때 '가지고'는 앞의 상태나 동작에 대한 보유의 뜻을 강하게 나타낸다.
連結語尾'-어/아서'の意味を強調して表す表現である。理由や原因を表す'-어/아서'と、動作が時間的な順序でつながっていることを表す'-어/아서'をすべて'-어/아 가지고'に置き換えることができるが普通は話し言葉でよく使われる。その場合、'가지고'は前の状態や動作を維持していることを強調して表す。

(1) 하도 심심해 가지고 친구를 만나서 영화를 봤어요.　あまりにも退屈なので友だちに会って映画を見ました。
(2) 어린이날 선물을 사 가지고 조카들한테 가야 돼요.　子供の日、プレゼントを買って甥(姪) に会いに行かなければなりません。

2. −(이)나

수량을 나타내는 명사 혹은 단위명사에 붙어 수량이 예상되는 정도를 넘었거나 아주 많음을 나타낼 때 쓴다.
数量または単位を表す名詞に付き、予想量を超過したりかなり多いことを表すときに使う。

(1) 가: 저는 하루에 커피를 다섯 잔쯤 마셔요.　私は一日にコーヒーを５杯ぐらい飲みます。
　　나: 다섯 잔이나 마셔요? 정말 많이 마시는군요.　５杯も飲みますか。本当にたくさん飲みますね。
(2) 한솔 씨는 월급을 300만 원이나 받아요.　ハンソルさんは給料を３００万ウォンももらいます。

3. −밖에

수량을 나타내는 명사 혹은 단위명사에 붙어 수량이 기대 수준에 미치지 못했다고 생각할 때 '-밖에'를 사용한다. 뒤에는 반드시 '안, 못, 없다, 모르다' 등의 부정 표현이 온다. 명사가 수량을 나타내지 않는 경우에도 오직 그 명사뿐임을 나타낼 때 쓰인다.
数量または単位を表す名詞に付き、望ましい水準に至っていないと思うときに'-밖에'を使う。後には必ず'안, 못, 없다, 모르다'などの否定の表現が来る。数量を表す名詞以外の場合も、ただその名詞だけであることを表すときに使われる。

(1) 저는 조카가 한 명밖에 없어요.　私は甥(姪)が一人しかいません。
(2) 어제 잠을 5시간밖에 안 잤어요.　昨日５時間しか寝ませんでした。
(3) 저는 그 사람의 얼굴밖에 몰라요.　私はその人の顔しか知りません。

第 15 課
空港 <1>

1. −기는 하지만 / −기는 −지만 / −기는 했지만 / −기는 −었/았지만

동사나 형용사에 쓰여 상대방의 말을 일부는 긍정하지만 후행절에서는 일부분 부정하는 뜻을 나타낸다.
動詞と形容詞に付き、前の言葉の一部は認めるものの、後に続く文では一部分を否定することを表す。

(1) 한국어 공부를 열심히 하기는 하지만 아직 잘 못해요.　韓国語の勉強を一生懸命することはしましたがまだよく出来ません。
(2) 인천공항이 좋기는 좋지만 너무 멀어요.　インチョン空港がいいのはいいですが、あまりにも遠いです。
(3) 비행기표를 예매하기는 했지만 다시 취소했어요.　搭乗券を予約しましたがあとでキャンセルしました。
(4) 탑승구를 찾기는 찾았지만 늦어서 비행기를 못 탔어요.　搭乗ゲートを探すことは探したが遅れて飛行機に乗れませんでした。

2. ~ 뿐이다 / −(으)ㄹ 뿐이다

명사와 결합할 때는 오직 앞에 오는 명사만 있음을 나타낸다. 그리고 관형사형 어미 '-(으)ㄹ'의 수식을 받을 경우 그 행위만 있고 그 이외에는 더 없음을 나타낸다.
名詞に付き、その名詞があるのみであることを表す。そして連体詞の語尾'-(으)ㄹ'に修飾される場合はその行為だけあってそれ以外にはなにもないことを表す。

(1) 제가 만들 수 있는 한국 요리는 라면뿐이에요.　私が作れる韓国の料理はラーメンだけです。
(2) 가: 아까 술 많이 마셨죠?　さきほどお酒をたくさん飲みましたよね。
　　나: 아니요, 딱 한 잔만 마셨을 뿐이에요.　いいえ、ただ一杯飲んだだけです。

第 15 課
空港 <2>

1. -뿐만 아니라 -도 / -(으)ㄹ 뿐만 아니라 -도

'-뿐만 아니라' 앞에는 명사가 붙어서 '그 명사가 가리키는 사물만이 아니고 그에 더하여 후행 명사가 가리키는 사물까지도'의 뜻을 나타낼 때 사용한다. '-(으)ㄹ 뿐만 아니라'는 동사, 형용사, '-이다'가 붙어서 선행절의 동작이나 상태만이 아니라 후행절의 동작이나 상태를 더하여 가리킬 때 쓰인다. 선행절이 긍정이면 후행절도 긍정이고 선행절이 부정이면 후행절도 부정이어야 한다.
'-뿐만 아니라'は名詞に付き、'その名詞が示す事物だけでなく、それに加えてさらに後の名詞が示す事物までも'の意味を表すときに使われる。'-(으)ㄹ 뿐만 아니라'は動詞、形容詞、'-이다'が付いて前の動作や状態だけではなく、後に続く動作や状態をさらに加えて示すときに使われる。前の文が肯定ならば後に続く文も肯定となり、前が否定ならば後も否定でなければならない。

(1) 가: 김포공항에는 국내선만 있지요?　金浦空港には国内線しかないでしょう。
　나: 아니요, 국내선뿐만 아니라 국제선도 있어요.　いいえ。国内線だけではなく国際線もあります。
(2) 가: 인천공항은 어떤 점이 좋아요?　インチョン空港はどのようなところがいいですか。
　나: 넓을 뿐만 아니라 정말 깨끗해요.　広いだけではなくとてもきれいです。

2. ~ 덕분에 / -(으)ㄴ 덕분에

'덕분+에'의 형태이며 '덕분'은 남에게 고마움을 의미한다. 명사와 결합하여 '그 명사의 고마움을 이유로 하여'의 뜻을 나타낸다. '-(으)ㄴ 덕분에'는 동사나 형용사 어간과 결합하여 그것의 도움으로 후행절의 좋은 결과를 이루었음을 나타낸다.
'덕분+에'の形で使われ、'덕분'はありがたく思うことを意味する。名詞に付いて'その名詞のおかげによって'の意味を表す。'-(으)ㄴ 덕분에'は動詞と形容詞の語幹に付き、そのおかげで後に続く行為が良い結果となったことを表す。

(1) 선생님 덕분에 한국말을 잘 배울 수 있었어요.　先生のおかげで韓国語をよく学ぶことができました。
(2) 친구가 도와준 덕분에 출국 수속을 잘 끝냈어요.　友だちが助けてくれたおかげで出国手続きを無事に終えることできました。

Солонгос хэлний хэл зүй болон дүрэм

1-р хичээл

Танилцах <1>

1. ~전에 / -기 전에

앞선 동작이 이루어지기 전에 뒤의 동작이 먼저 이루어진다는 뜻이 있다. '~전에'는 명사와 결합하며 '-기 전에'는 동사와 결합한다.
Өгүүлбэрийн эхэнд орсон үйлдлийг хийхийн өмнө арын үйлдэл эхэлж хийх гэсэн утгатай. '~전에' нь нэр үгийн ард орж '-기 전에' нь үйл үгийн ард залгагдана.

(1) 1년 전에 중국 북경에 있었어요. 1 жилийн өмнө Хятадын Бээжинд байсан.
(2) 한국에 오기 전에 대학교에 다녔어요. Солонгост ирэхийн өмнө дээд сургуульд явдаг байсан.

2. ~동안 / -는 동안

어떤 상태나 행위가 지속된 기간을 나타낸다. '~동안'은 명사와 결합하며, '-는 동안'은 동사와 결합한다.
Ямар нэг нөхцөл байдал болон үйлдлийн үргэлжлэх хугацааг илэрхийлнэ. '~동안' нь нэр үгийн ард орж '-는 동안' нь үйл үгийн ард залгагдана.

(1) 한국어를 두 달 동안 공부했어요. Солонгос хэлийг 2 сарын турш сурсан.
(2) 친구를 기다리는 동안 책을 읽었어요. Найзыгаа хүлээх хугацаандаа ном уншсан.

1-р хичээл

Танилцах <2>

1. ~후에 / -(으)ㄴ 후에

선행문이 시간상 후행문보다 앞섬을 나타내며, 언제나 과거 관형형 어미 '-(으)ㄴ'을 쓴다. '~후에'는 명사와 결합하며 '-(으)ㄴ 후에'는 동사와 결합한다.
Өгүүлбэрийн эхний үйлдэл арын үйлдлээс түрүүлж хийгдэх утгыг илэрхийлэх бөгөөд хэзээд үйл үгийн өнгөрсөн цагийн нөхцөл '-(으)ㄴ' буюу '-сан'г хэрэглэнэ. '~후에'нь нэр үгийн ард '-(으)ㄴ 후에'нь үйл үгийн ард тус тус залгагдана

(1) 1년 후에 대학교에 가려고 해요. 1 жилийн дараа дээд сургуульд явахаар болсон.
(2) 시험이 끝난 후에 바로 고향에 갔어요. Шалгалт дууссаны дараа шууд төрсөн нутагруугаа явсан.

2. -께서

주격 조사 '-이/가'의 높임말로서, 주어가 화자보다 나이가 더 많거나 사회적 위치가 높은 사람일 때 사용한다. 주격조사 '-께서'를 사용할 때는 다음에 나타나는 서술어에 '-시-'를 붙여 사용한다.
Нэрлэхийн тийн ялгал '-이/가'ын хүндэтгэлийн хэлбэр бөгөөд эзэн бие өгүүлэгчээс насаар ахмад юмуу нийгмийн байр суурь өндөр хүн байх үед хэрэглэнэ. Нэрлэхийн тийн ялгалын хүндэтгэлийн хэлбэр болох '-께서'-г хэрэглэх үед арын өгүүлэхүүн гишүүнд '-시-'-г залгаж хэрэглэнэ.

(1) 어머니께서 지금 뭘 하세요? Ээж одоо юу хийж байна вэ?
(2) 우리 할아버지께서는 연세가 일흔 둘이세요. Манай өвөө 72 настай .

2-р хичээл

Урилга <1>

1. -께

여격 조사 '-에게'나 '-한테'의 높임말로서, 화자보다 나이가 많거나 사회적 위치가 높은 사람이 어떤 행위의 상대가 되는 것을 나타낸다.

Өгөх оршихын тий н ялгал '-에게', '-한테' /-д,т/-ий н хүндэтгэлий н хэлбэр бөгөөд өгүүлэгчээс насаар ахмад ний гми й н бай р суурь өндөр хүн бай х үед хэрэглэнэ.

(1) 어제 부모님께 전화했어요. Өчигдөр эцэг эхрүүгээ утсаар ярьсан..

(2) 선생님께 선물을 드리고 싶어요. Багшдаа бэлэг өгөхий г хүсч бай на

2. -(이)나

명사와 결합하며 앞에 오는 명사와 뒤에 오는 명사를 연결할 때 쓰인다. '사물을 임의로 열거해 놓고 그 중의 하나를 선택함'을 나타낸다.
Нэр үгий н ард залгагддаг бөгөөд өмнө орж буй нэр үг ба хой но орж буй нэр үгий г холбох үед бичигдэнэ. "Эд зүй лсий г сай н дураараа тоочин тэр дундаас нэгий г нь сонгох" гэсэн утгыг илэрхий лдэг.

(1) 学校에 버스나 지하철로 와요. Сургуульдаа автобус ч юмуу метрогоор ирдэг.

(2) 꽃이나 과일을 사가면 좋을 거예요. Цэцэг ч юмуу жимс худалдаж аваад явбал сай н бай на.

2-р хичээл

Урилга <2>

1. ~같다

명사와 결합하여 주어가 그 명사의 속성을 나타낼 때 사용한다. 이때 명사 다음에는 '-와/과'가 붙어야 하나 보통 생략하여 쓰인다.
Нэр үги 0 й н ард залгагдан эзэн бие нь тухай н нэр үгий н шинж чанарыг илэрхий лэх үед хэрэглэнэ. Энэ үед нэр үгий н ард '-와/과' залгагддаг бөгөөд ихэвчлэн гээгдэж хэрэглэгдэнэ.

(1) 제 친구는 천재(와) 같아요. Манай най з сод ухаантантай адил юм.

(2) 제니 씨는 한국말을 잘 해서 한국사람 같아요. Жэни солонгос хэлээр сай н ярьдаг учраас солонгос хүнтэй адилхан бай на

2. -처럼

명사에 붙어서 모양이나 동작이 같거나 비슷하여 닮음을 나타낸다. 조사 '-같이'로 대치할 수 있다.
Нэр үгэнд залгагдан хэлбэр дүрс юмуу үй л хөдлөл төстэй , адилхан гэсэн утгыг илэрхий лдэг. Мөн '-같이' гэсэн нөхцөлөөр орлуулж болно.

(1) 은영 씨는 천사처럼 착해요. Ынёнг тэнгэрий н элч шиг сай хан сэтгэлтэй .

(2) 저도 선생님처럼 한국말을 잘하면 좋겠어요. Би ч гэсэн багш шиг солонгос хэлээр сай н ярьдаг болвол сай хан бай на.

3. -게

형용사 다음에 쓰여 문장에서 부사의 기능을 하며, 뒤에 오는 동사를 의미적으로 한정한다. 앞에 시제를 나타내는 어미가 올 수 없다.
Тэмдэг үй л үгий н хой но хэрэглэгдэж өгүүлбэрт бай ц гишүүн болдог бөгөөд ард орж буй үй л үгий г утгын хувьд хязгаарлана. Өмнө нь цагий г илэрхий лсэн үй л үгий н нөхцөл орох боломжгүй .

(1) 한국 사람들이 친절하게 말해요. Солонгос хүмүүс най рсагаар ярьдаг.

(2) 얼굴이 인형처럼 예쁘게 생겼어요. Нүүр нь хүүхэлдэй шиг хөөрхөн төржээ.

3-р хичээл

Аялал <1>

1. -(으)ㄴ 적이 있다/ 없다

관형형 어미인 '-(으)ㄴ'에 의존명사 '적'이 붙음으로써, 과거의 경험을 나타낸다. '적' 대신에 '일'을 사용해도 된다. 특히 시도를 나타내는 '-어/아 보다'와 잘 결합하여, '-어/아 본 적이 있다'나 '-어/아 본 일이 있다'와 같이 종종 사용된다.
Тодоттох үй л үгий н нөхцөл болох '-(으)ㄴ'ын араас эрхшээлт нэр үг болох '적'-г залгасан бөгөөд өнгөрсөн цагий н туршлагыг илэрхий лнэ. '적'-н оронд '일'-г хэрэглэж болно. Ялангуяа оролдлогыг илэрхий лдэг '-어/아 보다'/ж, ч үзэх /-тэй холбогдоход тохирдог бөгөөд '-어/아 본 적이 있다' юмуу '-어/아 본 일이 있다' гэж тус тус хэрэглэж болдог.

(1) 한국에서 산에 가 본 적이 있어요? Солонгосд уулруу гарч бай сан удаа бай гаа юу?

(2) 아직 한국 영화를 본 적이 없어요. Одоохондоо солонгос кино үзсэн удаагүй .

2. -어/아지다

형용사의 어간 뒤에 붙어서 어떤 상태의 변화를 나타낸다.

Тэмдэг үй л үгий н үндсэнд залгагдан ямар нэг нөхцөл бай длын өөрчлөлтий г илэрхий лнэ.

(1) 요즘 지하철 요금이 비싸졌어요. Сүүлий н үед метроны үнэ үнэтэй болчихсон.

(2) 날씨가 추워지기 전에 우리도 단풍구경을 하러 갈까요? Цаг агаар хүй тэн болохоос өмнө хэдүүлээ унасан навчсын үзэсгэл энг үзэхээр явах уу?

3-р хичээл

Аялал <2>

1. -거나

연결어미로서 동사나 형용사 그리고 일부 '-이다'와 결합한다. '-거나' 앞에 '-었/았-'을 쓸 수 있으나 추정의 뜻을 가진 '-겠-'은 쓰지 않는다. 두 가지 이상의 행동, 상태, 존재를 나란히 나열하는 뜻을 나타낸다.

Холбох нөхцөл бөгөөд үй л үг ба тэмдэг нэр, '-이다'-н араас залгагддаг. '-거나'-гий н өмнө '-었/았-' '-сан' өнгөрсөн цагий н нөхцөлий г оруулж болно. Ирээдүй н цагий н '-겠-/на/' нөхцөлий г хамт хэрэглэж болохгүй . 2 ба түүнээс дээш үй лдэл болон нөхцөл бай дал зэрэгцэн хий гдэх гэсэн утгыг илэрхий лдэг.

(1) 여행사 버스를 이용하거나 기차를 탈 수 있어요. Жуулчны компаний н автобусыг ашиглах юмуу галт тэргэнд суух боломжтой .

(2) 저는 주말에 보통 책을 읽거나 요리를 해요. Би амралтын өдрөөр ихэнхдээ ном унших юмуу хоол хий дэг.

2. -어/아야 되다

연결어미 '-어/아야'와 보조동사 '되다'가 결합한 형태로서 동사, 형용사, '-이다'와 결합한다. 청유형과 명령형은 쓰지 않는다. 마땅히 그래야 하는 상황이나 당위성을 나타낸다.

Холбох нөхцөл '-어/아야' дээр туслах үй л үг '되다' 'болох'-г залгасан хэлбэртэй бөгөөд үй л үг, тэмдэг үй л үг, мөн '-이다' дээр залгагдана. Гуй х, тушаах хэлбэрээр бичигдэхгүй . Зай лшгүй тэгэх хэрэгтэй гэсэн нөхцөл бай длыг ил эрхий лдэг.

(1) 여행을 떠나기 전에 무엇을 사야 돼요? Аялалаар явахын өмнө юу худалдаж авах хэрэгтэй болох вэ?

(2) 주말에는 미리 예약을 하셔야 돼요. Амралтын өдөр урьдчилан захиалга өгөх хэрэгтэй болно.

4-р хичээл

Сонирхол <1>

1. ~때 / -(으)ㄹ 때 / -었/았을 때

관형형 어미 '-(으)ㄹ'에 명사 '때'가 결합한 형태로서, 어떤 행위나 상태의 시점을 말해준다. 동사, 형용사, '-이다' 등의 형태와 결합할 수 있다. 과거 시제를 나타내는 '-었/았-'과 결합하기도 한다. 명사 '때'가 혼자 쓰이기도 한다.

Тодотгох нөхцөл '-(으)ㄹ'дээр нэр үг '때' (үе) -г залгасан хэлбэр бөгөөд ямар нэг үй л хөдлөл ба нөхцөл бай дальн ц аг үеий г хэлж өгнө. Үй л үг, тэмдэг үй л үг, мөн '-이다' зэрэгт залгаж болно. Өнгөрсөн цаг үеий г илэрхий лдэг '-었/았-' дээр залгаж болно. Мөн нэр үг '때' (үе) дангаараа хэрэглэгдэж болно.

(1) 방학 때 뭘 할 거예요? Амралтын үеэр юу хий х вэ?

(2) 다음에 산에 갈 때 같이 갑시다. Дараа уулапд явах үеэр хамттай явцгаая.

(3) 한국에 처음 왔을 때 기분이 좋았어요. Солонгост анх ирсэн үед сэтгэл санаа сай хан бай сан

2. -마다

명사 뒤에 붙어서 '빠짐없이, 모두'의 의미를 나타내는 보조사이다.

Нэр үгий н ард залгагдаж "алгасахгүй , бүр" гэсэн утгыг илэрхий лсэн туслах нөхцөл.

(1) 저는 주말마다 등산을 하거나 낚시를 하러 가요. Би амралтын өдөр бүр ууланд гарах юмуу загас барихаар явдаг.

(2) 시간이 있을 때마다 영화나 비디오를 봐요. Завтай бай х болгондоо кино юмуу видео үздэг.

3. -(이)든지

의문사 뒤에 붙어서 어떤 것이든 가리지 않는다는 것을 의미한다. 앞의 의문사가 자음으로 끝나면 '-이든지'와 결합하고, 모음으로 끝나면 '-든지'와 결합한다.
Асуух үгийн ард залгагдан юу ч хамаагүй гэсэн утгыг илэрхийлнэ. Өмнөх асуух үг нь гийгүүлэгчээр төгсвөл '-이든지'-г залгаж эгшигээр төгсвөл '-든지'-г залгана.
(1) 저는 어떤 영화든지 다 좋아해요. Би ямар ч кино байгдэд нь дуртай.
(2) 무엇이든지 물어보세요. Юу ч хамаагүй асуугаарай.

4-р хичээл

Сонирхол <2>

1. -고 있다

연결어미 '-고'와 동사 '있다'가 결합한 보조동사이다. 동작의 진행을 나타내며, 과거의 진행을 나타내는 '-고 있었다'는 과거 한 시점에 일어난 일을 나타낼 때만 사용할 수 있다. 그밖에 착용동사와 결합하여 사용된다.
Холбох нөхцөл '-고' ба үйл үг '있다'-г залгагдсан туслах үйл үг юм. Үйл хөдлөлийн үргэлжилж буй явцыг илэрхийлдэг бөгөөд өнгөрсөн цагт үргэлжилж байсан үйлдлийг илэрхийлдэг '고 있었다'гэдэг нөхцөл нь өнгөрсөн тодорхой нэгэн цаг үед өрнөсөн үйлийг илэрхийлэх үед л хэрэглэнэ. Түүнээс гадна өмсөх, зүүх, хэрэглэх гэсэн утгатай үйл үгэнд залгаж хэрэглэнэ.
(1) 지금 책을 읽고 있어요. Одоо ном уншиж байна.
(2) 아까 우리가 만났을 때 누구를 기다리고 있었어요? Түрүүхэн бид нарыг тааралдах үед хэнийг хүлээж байсан вэ?
(3) 제니 씨가 청바지하고 티셔츠를 입고 있어요. Жени жинсэн өмд болон цамц өмсөж байна.

2. -(으)로 만들다

'-(으)로 만들다'는 재료명사와 결합해서, 하나의 완성된 사물이나 음식의 원료를 나타낼 때 쓰인다. 앞의 명사가 모음이나 받침 'ㄹ'로 끝나면 '-로'를 쓰고 그밖의 자음으로 끝나면 '-으로'를 쓴다.
'-(으)로 만들다' нь түүхий эд заасан нэр үгэнд залгагдаж ямарваа бэлэн болсон бүтээгдэхүүний хийгдсэн түүхий эдийг заах үед хэрэглэгддэг. Өмнөх нэр үг нь эгшиг юмуу дэвсгэр үсэг 'ㄹ'-ээр төгссөн бол '-로' залгаж гийгүүлэгчээр төгссөн бол '-으로'-г залгана.
(1) 이 음식은 무엇으로 만들었어요? Энэ хоолыг юугаар хийсэн вэ?
(2) 떡은 쌀로 만들어요. Догийг будаагаар хийдэг.

5-р хичээл

Сургуулийн амьдрал <1>

1. -이/가 필요하다/ 필요없다

주격조사 '-이/가'와 형용사 '필요하다'가 결합한 형태로서, 주어의 필요성을 나타낸다. 부정형은 '-이/가 필요없다'이다.
Нэрлэхийн тийн ялгал '-이/가'тай тэмдэг нэр '필요하다'-г залгасан хэлбэр бөгөөд эзэн биеийн хэрэгцээтэй эсэхийг илэрхийлнэ. Хэрэгцээгүй үед '-이/가 필요없다' гэнээ.
(1) 가: 학생증을 만들려고 하는데 무엇이 필요해요? A:Оюутны үнэмлэх хийх гэж байгаа тул юу хэрэгтэй вэ?
나: 학생증을 만들려면 사진이 필요해요. B: Оюутны үнэмлэх хийе гэвэл зураг хэрэгтэй.
(2) 가: 컴퓨터실을 이용하려고 하는데 학생증이 필요해요? A: Компьютерийн өрөөг ашиглахын тулд оюутны үнэмлэх хэрэгтэй юу?
나: 아니요, 학생증은 필요없어요. B: Үгүй, Оюутны үнэмлэх хэрэггүй.

2. -고 싶어하다

동사의 어간 뒤에 붙어서 3인칭 주어의 소망이나 바람을 표현한다. 주어가 1인칭이거나 2인칭 의문형일 때는 '-고 싶다'를 써야 한다.
Үйл үгийн үндсэн дээр залгагдаж 3-р бие эзэн биеийн хүсэл эрмэлзэлийг илэрхийлэх үед хэрэглэнэ. Эзэн бие1-р

бие, 2-р бие бай х үед '-고 싶다'-г хэрэглэнэ.
(1) 제 친구가 우리 학교에 입학하고 싶어해요. Миний най з манай сургуульд элсэж орохыг хүсдэг.
(2) 저는 컴퓨터를 배우고 싶은데 친구는 태권도를 배우고 싶어해요. Би компьютер сурахыг хүсдэг боловч най з маань теэквон до сурахыг хүсдэг.

5-р хичээл

Сургуулий н амьдрал <2>

1. ~때문에 / -기 때문에 / -었/았기 때문에

선행문이 후행문의 이유를 나타낸다. 이유를 나타내는 연결어미 '-(으)니까, -어/아서'에 비하여 의미가 더 강하다. 명사와 결합하여 '명사+때문에'로 쓰이며 동사와 결합하는 경우에는 '-기 때문에'로 쓰인다. 과거시제를 나타내는 '-었/았-'과 결합할 수 있으며, '왜냐하면 -기 때문이다'의 형태로도 쓰인다.

Өгүүлбэрий н эхний хэсэг нь арын хэсгий н учир шалтгааныг илэрхий лдэг. Учир шалтгааныг илэрхий лж буй холбох нөхцөл '-(으)니까, -어/아서'тай харьцуулвал утга нь илүү хүчтэй . Нэр үгий н ард '때문에' хэрэглэгдэх бөгөөд үй л үгэн дээр '-기 때문에'-г залгаж хэрэглэнэ. Өнгөрсөн цагий н нөхцөл '-었/았-'тай холбогдож болох бөгөөд '왜냐하면 -기 때문이다' /'яагаад гэвэл –учиртай юм'/ гэсэн хэлбэрээр ч хэрэглэгддэг.

(1) 교통사고 때문에 늦었어요. Зам тээврий н ослоос болж хоцорчихсон
(2) 집이 멀기 때문에 좀 불편해요. Гэр хол учраас жаахан төвөгтөй бай на.
(3) 지금 방학이기 때문에 학교에 안 가요. Одоо амралттай учраас сургуульдаа явахгүй бай гаа..
(4) 저는 오늘 지각했어요. 왜냐하면 지하철이 늦게 왔기 때문이에요. Би өнөөдөр хоцорчихсон. Яагаад гэвэл метро хоцорч ирсэн учраас юм.

2. -지 그래요? / -지 그랬어요?

의문형으로 쓰여서 화자가 청자에게 자신의 의견을 완곡하게 제시할 때 사용한다. 특히 '-지 그랬어요?'는 화자가 청자의 과거 행동에 대해 그렇게 했으면 좋았다는 것을 말할 때 쓴다.

Асуух хэлбэрээр бичигддэг учраас өгүүлэгч сонсогчид өөрий н саналаа зөөлрүүлж хэлэх үед хэрэглэнэ. Ялангуяа '-지 그랬어요?' нь өгүүлэгч сонсогчий н өнгөрсөн үй лий н талаар тэгсэн бол сай н бай сан юмдаа гэж хэлэх үед хэрэглэнэ.

(1) 학교에서 가까운 곳으로 이사하지 그래요? Сургуульд ой рхон газарлуу нүүвэл яасан бэ?
(2) 좀 더 열심히 공부하지 그랬어요? Жаахан идэвхтэй хичээллэхгүй яасан бэ?

6-р хичээл

Шалгалт <1>

1. 반말

한국어에서는 청자와 화자의 나이, 사회적 지위, 관계 등에 따라 다양한 층위의 문장 종결어미가 있다. 반말은 일반적으로 친구나 나이가 어린 사람, 지위가 낮은 사람에게 쓰는 말로 격식체와 비격식체가 있다. 비격식체는 비교적 제한이 없이 쓰이나 격식체의 경우 화자와 청자의 연령, 성별에 따라 제한을 받는 경우가 많다.

Солонгос хэлэнд сонсогч болон өгүүлэгчий н нас, ний гмий н бай р суурь, холбоо хамаарал зэргээс шалтгаалан олон янзын хэлбэрээр өгүүлбэр төгсгөх нөхцөл бай даг. Хар яриа нь ерөнхий дөө най з болон насаар бага хүн, доод албан тушаалтантай ярихдаа хэрэглэх бөгөөд албан ёсны, албан ёсны бус хэлбэр бай даг. Албан ёсны бус хэлбэр гэдэг нь харьцангүй их хэрэглэгддэг боловч албан ёсны хэлбэрий н хувьд өгүүлэгч ба сонсогчий н нас, хүй сээс шалтгаалан хязгаарлагдмал бай даг.

		Өгүүлэхүүн гишүүн өгүүлбэр	Асуух өгүүлбэр	Захиран тушаах өгүүлбэр	Уриалан дуулах өгүүлбэр	Аялга өгүүлбэр
Албан ёсны	Хүндэтгэлий н үг	-ㅂ니다 -습니다	-ㅂ니까? -습니까?	-(으)십시오	-(으)ㅂ시다	
	Хар яриа	-다 -ㄴ/는다	-니/으니? -냐/으냐? -니/냐/느냐?	-어/아라	-자	-구나 -는구나

Албан ёсны бус	Хүндэтгэлий н үг	-어/아요	-군요
		-이에요/예요	-는군요
	Хар яриа	-어/아	-군
		-(이)야	-는군

(1) 오랜만이다. 생일 축하한다. (오랜만이야. 생일 축하해.) Уулзаагүй удсан бай на. Төрсөн өдрий н мэнд хүргэе. (Уулзаагүй уджээ, төрсөн өдрий н мэнд)
(2) 시험 공부 많이 했니?/했냐? (시험 공부 많이 했어?) Шалгалтаа сай н бэлдсэн үү?
(3) 시험 잘 봐라. (시험 잘 봐.) Шалгалтаа сай н өгөөрөй
(4) 이따가 3시에 만나자. (이따가 3시에 만나.) Бай ж бай гаад 3 цагт уулзая
(5) 요즘 열심히 공부하는구나. (요즘 열심히 공부하는군.) Сүүлий н үед хичээлээ идэвхитэй хий ж бай х нээ

2. -을/를 위해서 / -기 위해서

'-기 위해서' 앞에 나오는 동사는 후행절에 나타나는 행위의 목적을 나타낸다. 반드시 동사와 결합하여야 하며, 선행절의 주어와 후행절의 주어는 항상 일치해야 한다. '위해서' 가 명사와 결합하는 경우에는 목적격 조사인 '-을/를'을 취하게 된다.
'-기 위해서'-н өмнө орж буй үй л үг нь хой дох өгүүлбэрий н үй лий н зорилгыг илэрхий лдэг. Заавал үй л үгэн дээр залгагдах бөгөөд урьдах өгүүлбэрий н эхний хэсгий н эзэн бие, арын хэсгий н эзэн бие нэг бай х ёстой . '위해서' 'төлөө' нь нэр үгтэй холбогдох тохиолдолд нэр үгэнд заахын тий н ялгал '-을/를'/ыг, ий г, г/ залгах хэрэгтэй болно.
(1) 행복한 미래를 위해서 우리 열심히 공부하자. Аз жаргалтай ирээдүй н төлөө бүгдээрээ идэвхитэй сурцгаая.
(2) 나는 한국어를 공부하기 위해서 한국에 왔어. Би солонгос хэлий г сурахын тулд солонгост ирсэн.

6-р хичээл

Шалгалт <2>

1. -에 가는 길이다 / -에 가는 길에

'-에 가는 도중'의 뜻으로 쓴다. '-рүү² явах замдаа'/-гэсэн утгаар хэрэглэнэ.
(1) 시험 공부하러 도서관에 가는 길이야. Шалгалтандаа бэлтгэхээр номын санруу явах замдаа бай на.
(2) 집에 가는 길에 도서관에 들러서 책을 빌릴 거야. Гэрлүүгээ явах замдаа номын сангаар дай раад ном зээлж авна.

2. -(으)ㄴ/는/(으)ㄹ 모양이다

화자가 사물의 모양을 보고 객관적인 입장에서 추측하여 말할 때 쓴다. 그러므로 1인칭 주어는 쓸 수 없다. '모양이다' 앞에 형용사나 '-이다'가 올 때는 '-ㄴ/은'과 결합해서 쓰이며 동사가 올 때는 시제에 따라 과거이면 '-ㄴ/은', 현재이면 '-는', 미래이면 '-ㄹ/을'과 함께 결합해서 쓰인다. '-있다/없다'의 경우는 '-는'과 함께 결합해서 쓰인다.
Өгүүлэгч эд зүй лсий н төрх бай дальг хараад хөндлөнгий н бай р суурьнаас таамаглаж хэлэх үед хэрэглэнэ. Тий м ээс 1-р бие эзэн бие болж болохгүй . '모양이다' өмнө тэмдэг үй л үг юмуу '-이다' орох үед '-ㄴ/은'тай хэрэглэгдэх бөгөөд үй л үг орох үед цагаа дагаад өнгөрсөн цагий н 'ㄴ/은', одоо цагий н '-는', ирээдүй н '-ㄹ/을'тай хамт хэрэглэгдэнэ. '-있다/없다' орох тохиолдолд '-는'тай хамт хэрэглэгдэнэ.
(1) 제니 씨가 성적이 좋은 모양이야. Жени дүн нь сай н юм шиг бай на.
(2) 한솔 씨가 화가 난 모양이야. Хансул уурлачихсан юм шиг бай на.
(3) 은영 씨가 지금 방에서 자는 모양이야. Ынёнг одоо өрөөндөө унтаж бай гаа юм шиг бай на.
(4) 마이클 씨가 고향에 안 갈 모양이에요. Май кл төрсөн нутагрууга явахгүй юм шиг бай на.
(5) 은영 씨가 집에 없는 모양이에요. Ынёнг гэртээ бай хгүй юм шиг бай на.

7-р хичээл

Уулзалт <1>

1. ~중에서 제일 / -에서 제일

여러 사람이나 사물 가운데에서 정도가 가장 큰 것을 나타내며, '~중에서' 앞에는 명사가 온다. 그리고 '제일' 뒤에는 보통 형용사나 동사가 온다. 앞에 나오는 명사가 여러 개의 명사를 포함할 때는 '~중에서'를 사용하며 하나의 명사를 나타낼 때는 '-에서'를 사용한다.
Олон хүн ч юмуу эд зүй л дундаас хэмжээ нь хамгий н томыг илэрхий лэх бөгөөд '~중에서'гий н өмнө нэр үг орно. Мөн '제일'-н ард ихэвчлэн тэмдэг үй л үг болон үй л үг ордог. Урд орж буй нэр үг нь олон нэр үгий г хамруулах үед '~중에서'-г ашиглах бөгөөд нэг нэр үгий г илэрхий лэх үед '-에서'-г ашиглана.
(1) 우리 반 학생들 중에서 누가 제일 키가 커? Манай ангий н оюутнууд дундаас хэн нь хамгий н өндөр вэ?
(2) 세상에서 제일 사랑하는 사람은 우리 가족들이에요. Хорвоогий н хамгий н хай ртай хүмүүс бол манай гэр бүл юм.

2. ~만에

시간을 나타내는 명사와 조사 '-에'가 결합한 형태로서, 어떤 일이 일어난 지 얼마 후에 다른 일이 일어남을 나타낸다. '만에' 다음에는 서술어로 동사가 오는데, 특별히 '끝나다', '끝내다', '다하다' 등의 동사와 결합할 때는 걸리는 시간을 나타내기도 한다.
Цаг заасан нэр үгэн дээр '-에' нэрий н нөхцөлий г залгасан хэлбэр бөгөөд ямар нэг үй л явдал болсоны хэсэг хугацаа ны дараа өөр үй л явдал болсоныг илэрхий лнэ. '만에' ард нь өгүүлэхүүн гишүүн үй л үг орох бөгөөд ялангуяа '끝나다-дуусах', '끝내다-дуусгах' '다하다- бүгдий г хий х' зэрэг үй л үгий г хамт хэрэглэх тохиолдолд зарцуулсан цаг хугацааг илэрхий лдэг.
(1) 졸업하고 딱 10년 만에 만났어요. Төгсөөд яг 10 дахь жилдээ л учирсан.
(2) 숙제를 한시간 만에 다 끝냈어요. Даалгавараа 1 цагий н дотор л бүгдий г нь хий ж дуусгасан.
(3) 일주일 만에 청소했는데 청소를 30분 만에 다 끝냈어요. 11 долоо хоноод цэвэрлэсэн чинь цэвэрлэгээг 30 минутанд л бүгдий г нь хий ж дуусгасан.

7-р хичээл

Уулзалт <2>

1. -어/아서 그렇다 / -어/아서 그랬다

이유를 나타내는 연결어미 '-어/아서'와 '그렇다'가 결합한 형태로 상대방의 말에 그 원인이나 이유를 들어 대답할 때 쓰인다. '그렇다'는 상대방의 질문 내용을 반복하지 않고 대신하여 쓰는 말이다.
Учир шалгаан заасан холбох нөхцөл '-어/아서' ба '그렇다'-г залгасан хэлбэрээр харилцагчий н үгэнд түүний учир шалтгааныг гарган хариулах үед хэрэглэнэ. '그렇다' /тий м/ нь эсрэг талын асуултны утгыг давтахгүй орлуулан хэрэглэсэн үг юм. Одоо цагт '그렇다', өнгөрсөн цагт '그랬다' хэлбэрий г тус тус хэрэглэнэ.
(1) 가: 왜 점심을 안 먹어요? A: Яагаад өдрий н хоолоо идэхгүй бай на?
나: 배가 불러서 그래요. (배가 불러서 안 먹어요.) B: Гэдэс цатталанучраас тий м юм. (Гэдэс цатгалан учраас идэхгүй бай на.)
(2) 가: 왜 남자친구하고 헤어졌어? A: Яагаад най з залуугаасаа салчихсан юм бэ?
나: 성격이 너무 안 맞아서 그랬어. (성격이 너무 안 맞아서 헤어졌어.) B: Зан чанар нь тохирохгүй болохоор тэгсэн. (Зан чанар нь тохирохгүй болохоор салчихсан.)

2. -보다 더~

'-보다'는 비교의 대상이 되는 명사에 붙어 쓰인다. '더', '더욱', '훨씬' 등의 부사가 자주 나타나기도 한다.
'-보다'нь харьцуулалын обьект болж буй нэр үгэн дээр залгаж хэрэглэнэ. '더'өшөө, '더욱-бүр илүү', '훨씬-хавьгүй ' зэргий н дай вар үгнүүд орсон ч болно.
(1) 러시아 어가 한국어보다 더 어려워요. Орос хэл нь солонгос хэлнээс илүү хэцүү юм бай на.
(2) 건강보다 더 중요한 것은 없어요. Эрүүл мэндээс илүү чухал зүй л гэж бай хгүй .

8-р хичээл

Шуудан <1>

1. -기로 하다

어떤 일을 약속하거나 결정할 때 또는 결심할 때 쓰며, 좀더 구체적으로 '-기로 약속하다/결정하다/결심하다'로 쓰기도 한다.
Ямар нэг зүй лий г амлах юмуу ший двэр гаргах үед хэрэглэх бөгөөд илүү тодорхой '-기로 약속하다—г амлах/결정하다-ший двэр гаргах/결심하다-ший дэх' зэргий г хэрэглэж болно.

(1) 편지를 내일까지 보내 주기로 (약속)했어요. Захиаг маргааш хүртэл илгээхээр амласан.
(2) 공부가 끝난 후에 대학교에 입학하기로 (결정)했어요. Сургуулиа дуусгасаны дараа дээд сургуульд элсэхээр шийдсэн.
(3) 오늘부터 열심히 공부하기로 (결심)했어요. Өнөөдрөөс идэвхитэй хичээллэхээр шийдсэн.

2. -(으)로

명사에 붙어서 부사어를 만드는 조사이며, 선택되는 대상임에 붙어 '-을/를 (골라서)'의 뜻으로 쓰인다.
Нэр үгтэй холбогдон дай вар үгий г бүтээх үйлдэхий н тий н ялгал бөгөөд сонгогдсон обьект дээр '-을/를 (골라서-сонгосон учраас)'гэсэн утгаар хэрэглэгдэнэ.
(1) 선물을 소포로 보내 주세요. Бэлэгээ илгээмжээр явуулж өгөөрэй .
(2) 국내특급우편으로 보내면 내일까지 도착할 거예요. Олон улсыг шуурхай шуудангаар явуулбал маргааш гэхэд хүрчих бай хаа.

3. -(으)ㄹ 필요가 있다/ 없다

동사에 관형형 어미 '-(으)ㄹ'이 결합하여 그 행위의 필요성 유무를 나타낸다. '-(으)ㄹ필요가 있다'는 의문형으로 많이 쓰이며 어떤 상황이나 일에 대한 회의나 이의 제기를 할 때 사용한다. 서술문으로 쓰일 때는 '-(으)ㄹ 필요가 없다'와 같이 부정형으로 쓰이는 것이 일반적이다.
Үй л үгэнд тэмдэг нэрий н нөхцөл '-(으)ㄹ' холбогдон тэр үйлдэл хэрэгцээтэй эсэхий г тодорхой лно. '-(으)ㄹ 필요가 있다' гэдэг нь асуух хэлбэрээр их хэрэглэгддэг бөгөөд ямар нэг нөхцөл бай дал юмуу үй л явдлын талаарх эргэлзээг илэрхий лэн асуух үед хэрэглэнэ. Өгүүлэхүүнээр хэрэглэгдэх үед '-(으)ㄹ 필요가 없다' –тай адил үгүй сгэх хэлбэрээр хэрэглэгдэх нь энгий н үзэгдэл юм.
(1) 결혼을 꼭 할 필요가 있을까요? Хуримаа заавал хий х хэрэгтэй юмуу?
(2) 중요한 서류가 아니니까 등기우편으로 부칠 필요가 없어요. Чухал бичиг баримт биш учраас баталгаат шуудангаар явуулах хэрэггүй .

8-р хичээл

Шуудан <2>

1. -이/가 아니라

주주어 명사구와 '아니다'의 어간에 연결어미 '-라'가 붙은 '아니라'가 결합한 형태로서, '-이/가 아니라 -(이)다'의 문장형식을 쓴다. 선행절과 후행절의 내용이 서로 대칭이 되며 '-라'는 선행절이 후행절과 관련이 있음을 나타낸다.
Эзэн бие нэр үг болон '아니다-биш'-н язгуур дээр холбох нөхцөл '-라'-г залган '아니라' гэсэн хэлбэртэй болж '-이/가 아니라 -(이)다' гэсэн өгүүлбэрий н хэлбэртэй болно. Эхний хэсэг болон арын хэсгий н агуулга хоорондоо зөрчилдөж '-라' нь эхний хэсэг болон арын хэсэг хоорондоо хамааралтай болж бай гааг илэрхий лдэг
(1) 이것은 편지지가 아니라 편지봉투예요. Энэ нь захианы цаас биш захианы дугтуй юм.
(2) 이번 주 일요일이 아니라 다음 주 일요일이에요. Энэ долоо хоногий н бүтэн сай н өдөр биш дараа долоо хоногий н бүтэ н сай н өдөр юм.

2. -어/아하다

상태를 나타내는 형용사에 '-어/아하다'가 결합하여 형용사를 동사로 만든다. 이때 동사는 화자의 심리상태나 느낌을 나타내며 3인칭 주어와 함께 사용된다.
Нөхцөл бай длыг илэрхий лсэн тэмдэг үй л үгэнд '-어/아하다'-г залган тэмдэг үй л үгий г үй л үг болгоно. Энэ үед үй л үг нь өгүүлэгчий н сэтгэл зүй н бай дал, мэдрэмжий г илэрхий лэх бөгөөд 3-р биеий н эзэн биетэй хамт хэрэглэгдэнэ.
(1) 한국말로 쓰면 선배 언니가 더 기뻐할 거예요. Солонгос хэлээр бичвэл дээд күрсий н эгч маань баярлах бай хдаа..
(2) 결혼을 할 때 친구가 아주 행복해했어요. Гэрлэх үедээ най з маань маш их аз жаргалтай бай сан.
(3) 제가 숙제를 도와줘서 친구가 고마워했어요. Би даалгаварт нь тусалж өгсөн учраас най з маань баярласан.

3. -기(를) 바라다

동사에 붙어 바라는 바를 나타낼 때 쓰는 표현이다. 가끔 '건강하다', '행복하다' 등의 형용사에 붙어 쓰이기도 하며 '-를'이 생략되기도 한다.
Үй л үгтэй холбогдон хүссэн зүй лий г илэрхий лсэн хэлбэр юм. Заримдаа '건강하다-эрүүл энх бай х', '행복하다-аз жаргалтай бай х' зэрэг тэмдэг үй л үгтэй холбогдон хэрэглэгдэх бөгөөд '-를' –г гээж хэрэглэж болдог.
(1) 오늘 재미있게 지내기를 바랍니다. Үргэлж эрүүл энх бай хыг хүсье.

(2) 항상 건강하시기를 바랍니다. Болгоомжтой машинаа барихыг хүсье.
(3) 조심해서 운전하시기 바랍니다. Болгоомжтой машинаа барихыг хүсье

9-р хичээл

Эрүүл мэнд <1>

1. -(으)로

원인, 이유, 근거가 되는 말에 붙어 '~가 원인이 되어'의 뜻을 가진다.
Учир шалтгаан, үндэслэл болсон үгэнд залгагдан '~가 원인이 되어'/-учир шалтгаан болох/ гэсэн утгатай болно.
(1) 요즘 감기로 고생하는 사람이 아주 많아. Сүүлий н үед ханиаднаас болж зовж бай гаа хүн их бай на.
(2) 할아버지께서 지난 달에 암으로 돌아가셨어요. Өвөө өнгөрсөн сар хорт хавдраар нас барсан.

2. -이/가 -에 좋다/ 나쁘다 / -는 것이 -에 좋다/ 나쁘다

주어가 뒤에 오는 대상에 좋은지 나쁜지를 나타낼 때 사용하는 문형이다. '-에'는 대상이되는 명사와 결합하는데 문장의 앞에 나올 때는 '-는'과 결합하여 쓰인다. 주어에 명사가 올 때는 '-이/가'가 쓰이고 동사가 올 때는 '-는 것이'가 쓰인다.
Эзэн бие ард орох обьектэд сай н уу, муу юу гэдгий г илэрхий лэх үед хэрэглэх хэлбэр юм. '-에-д,т' нь обьект болох нэр үгтэй холбогдох бөгөөд өгүүлбэрий н эхэнд орох үед ард нь '-는'-г залгаж хэрэглэнэ. Эзэн бие нь нэр үг бол '-이/가' хэрэглэгдэж үй л үг бол '-는 것이' хэрэглэгдэнэ.
(1) 마늘이 건강에 좋아요. Сармис эрүүл мэндэд сай н.
(2) 감기에는 약 먹고 푹 쉬는 것이 좋아요. Ханиаданд эм уугаад сай н амрах нь сай н.
(3) 담배를 피우는 것이 건강에 나빠요. Тамхи татах нь эрүүл мэндэнд муу.

3. 'ㅅ' 불규칙동사

'낫다', '붓다' 등 어간에 'ㅅ' 받침이 있는 동사 혹은 형용사는 모음 앞에서 'ㅅ'이 떨어진다.
'낫다-эдгэх', '붓다-хавдах' зэрэг 'ㅅ' дэвсгэр үсэгтэй үй л үг болон тэмдэг үй л үгий н ард эгшиг орвол 'ㅅ' үсэг нь гээгдэнэ.
(1) 눈병이 다 나았어요. Нүдний өвчин эдгэсэн.
(2) 병원에 가서 주사를 맞으면 나을 거야. Эмнэлэгрүү явж тариа хий лгэвэл эдгэх бай хаа.

9-р хичээл

Эрүүл мэнд <2>

1. 피동사(-이/히/리/기- / -어/아지다)

피동사는 타동사에 접사 '-이/히/리/기-'를 붙이거나 '-어/아지다'를 붙여서 만드는데 이때 타동사의 목적어는 피동사의 주어로 바뀐다. 피동형은 주어의 행동과 동작보다는 그 행동으로 인하여 영향을 받아서 생긴 상황이나 결과를 나타낼 때 쓰인다. 모든 동사를피동형으로 만들 수 있는 것도 아니고 접사 선택도 일정한 규칙이 있다고 볼 수 없으므로 보통 어휘화된 형태로 받아들여진다.
Үй лдэгдэх хэв нь тусах үй л үгэнд залгавар '-이/히/리/기-'-г залгах эсвэл'-어/아지다'-г залгах бөгөөдэнэ үед тусах үй л үгий н тусагдахуун гишүүн нь үй лдэгдэх хэвий н эзэн бие болон хувирна. Үй лдэгдэххэв нь эзэн биеий н үй л хөдлөл ба хөдөлгөөнөөс илүү тэр үй л хөдлөлд нөлөөлөл аван үүссэн нөхцөл бай дал юмуу үр дүнг илэрхий лэх үед хэрэглэнэ. Бүх үй л үгий г үй лдэгдэх хэв болгон хувиргаж болохгүй бөгөөд залгаваруудаа залгасан ч тодорхой дүрэм бай хгүй тул ерөнхий дөө үгсий н сангаар хувирсан бай длаар ой лгох хэрэгтэй .

Үй лдэгдэх хэв	Үндсэн үй л үг	Үй лдэгдэх хэвээр хувирсан үй л үг	Жишээ
-이-	보다-харах	보이다-харагдах	안경을 써서 칠판 글씨가 잘 보여요. Нүдний шил зүүсэн учраас самбар дээрх бичиг сай н харагдаж бай на
-히-	닫다-хаах	닫히다-хаагдах	약국 문이 몇 시에 닫혀요? Эмий н сан хэдэн цагт хаадаг вэ?

-리-	열다-нээх	열리다-нээгдэх	창문이 열려서 방이 추워요. Цонх нээгдсэн учраас өрөө хүйтэн байна
-기-	끊다-таслах	끊기다- таслагдах	엘리베이터에서 휴대폰이 끊겼어요. Цахилгаан шатан дотор гар утас тасарчихсан
-어/아지다	끄다-унтраах	꺼지다- унтрах	바람이 불어서 촛불이 꺼졌어요. Салхинд лаа унтарчихсан

2. -(으)면 -(으)ㄹ 텐데

'-(으)면'은 조건을 나타내는 연결어미로 선행절은 후행절에 대하여 가정적 조건을 나타낸다. 또한 이것과 결합하는 '-(으)ㄹ 텐데'는 동사, 형용사, '-이다'와 결합하며 앞으로의 소망을 나타낸다. 주어가 1인칭인 경우 '-었/았-'과 결합하면 과거에 대한 후회를 나타낸다. '-(으)면'은 '-겠-'과 함께 쓰이지 않는다.

'-(으)면-бал²'нь нөхцөл заадаг холбох нөхцөлийн хувьд өгүүлбэрийн эхний хэсэг нь арын хэсгийн талаарх таамаглах нөхцөлийг илэрхийлдэг. Бас үүнтэй холбогддог '-(으)ㄹ 텐데'нь үйл үг, тэмдэг үйл үг, '-이다'тай холбогдох бөгөөд цаашдын хүслийг илэрхийлнэ. Эзэн бие нь 1-р бие бол '-었/았-сан'тай холбогдвол өнгөрсний тухай харамслыг илэрхийлнэ. '-(으)면'нь '-겠-'тэй хамт хэрэглэгдэхгүй.

(1) 제니 씨가 감기가 빨리 나으면 좋을 텐데……. Жени ханиадаа хурдан эдгээвэл сайн даа.

(2) 제니 씨가 안 바쁘면 같이 영화를 보러 갈 텐데……. Жени завтай бол хамт кино үзэхээр явах байх даа.

(3) 아이스크림을 많이 안 먹었으면 배탈이 안 났을 텐데……. Мөхөөлдөс их идээгүй бол гэдэс өвдөхгүй л байсан даа.

10-р хичээл

Цаг агаар <1>

1. -(으)ㄹ 뻔했다

조금만 잘못했으면 그와 같은 상태가 되었을 것인데 다행히 그렇게 되지 않았음을 나타낸다. '죽다, 다치다' 등과 같은 부정적인 의미의 동사와 자주 결합해서 쓰인다.

Өмнөх үйл үгийн хөдөлгөөн таслагдах буюу өөрчлөгдөх тохиолдолд хэрэглэх холбох нөхцөл бөгөөд үйл үгтэй холбогдоно. Өгүүлбэрийн эхний болон арын хэсгүүдийн эзэн бие адилхан байх хэрэгтэй.

(1) 눈 때문에 길이 막혀서 지각할 뻔했어요. Цаснаас болж зам бөглөрөөд хоцрох шахсан.

(2) 교통사고가 나서 죽을 뻔했어요. Зам тээврийн осол гарч үхэх шахсан.

2. -다가

선행 동사의 동작이 상황이 중단되거나, 전환을 하는 경우에 사용하는 연결어미로 동사와 결합한다. 선행절과 후행절의 주어가 같아야 한다.

Өмнөх үйл үгийн хөдөлгөөн таслагдах буюу өөрчлөгдөх тохиолдолд хэрэглэх холбох нөхцөлөөр үйл үгтэй холбогдоно. Өгүүлбэрийн эхний болон арын хэсгүүдийн эзэн бие адилхан байх хэрэгтэй

(1) 은행에 가다가 비를 많이 맞았어요. Банкруу явж байгаад бороонд норчихлоо.

(2) 수영하다가 물에 빠져서 죽을 뻔했어요. Усанд сэлж байгаад усанд живж үхэх шахсан.

(3) 오전에는 맑다가 오후부터 흐려지겠습니다. Үдээс өмнө цэлмэг байж байгаад үдээс хойш бүрхэг болно.

10-р хичээл

Цаг агаар <2>

1. -다고 하다 / -(이)라고 하다 / -냐고 하다 / -(으)라고 하다 / -자고 하다

다른 사람한테 들은 말을 간접적으로 인용하여 전달하는 구문으로 간접화법이라고 한다.간접화법의 종결어미는 아주 낮춤을 나타내는 서술형 종결어미, '-(ㄴ/는)다', 의문형 종결어미 '-냐', 청유형 종결어미 '-자', 명령형 종결어미 '-라'에 '-고 (말)하다'를 붙여서 쓴다. '-(으)라고 하다'의 경우 '-라고'는 받침이 없는 동사와 'ㄹ'받침으로 끝나는 동사에 쓰이며. '-으라고'는 받침이 있는 동사에 쓰인다.

Өөр хэн нэгнээс сонссон үгийг бусдад шууд бус аргаар ишлэл болгон дамжуулах хэлбэрийг шууд бус дамжуулан ярих арга гэж нэрлэдэг. Шууд бус дамжуулан ярих аргын төгсгөх нөхцөл нь хүндэтгэлийн бус хэлбэрийн төгсгөл болох '-(ㄴ/는)다', асуун төгсгөх нөхцөл '-냐', уриалан төгсгөх нөхцөл '-자', захиран тушаан төгсгөх нөхцөл '-라' зэрэгт '-고 (말)하다' төгсгөлийг залгаж хэрэглэдэг. '-(으)라고 하다'ийн хувьд дэвсгэр гийгүүлэгчгүй үйл үг болон 'ㄹ' дэвсгэр гийгүүлэгчээр төгссөн үйл үгэнд '-라고' залгадаг бол бусад дэвсгэр гийгүүлэгчтэй үйл үгэнд '-으라고' хэлбэрийг залгана.

	서술문 Өгүүлэхүүн гишүүн өгүүлбэр	의문문 Асуух өгүүлбэр	명령문 Захиран тушаах өгүүлбэр	청유문 Уриалан дуудах өгүүлбэр	
형용사 Тэмдэг үй л үг	(1) -다고	(4) -(으)냐고			+ (말)하다 −хэлэх яриа
동사 Үй л үг	(2) -ㄴ/는다고	-(느)냐고	(5) -(으)라고	(6) -자고	
명사 Нэр үг	(3) -(이)라고	-(이)냐고			

(1) 일기예보에서 오늘은 날씨가 맑다고 했어요. Цаг агаарын мэдээгээр өнөөдөр цаг агаар цэлмэг бай на гэж хэлсэн.
(2) 일기예보에서 오늘밤에 비가 온다고 했지요? Цаг агаарын мэдээгээр өнөөдөр шөнө бороо орно гэж хэлсэн үү?
(3) 은영 씨가 제일 좋아하는 계절은 봄이라고 했어요. Ынёнгий н хамгий н дуртай улирал ньхавар гэж хэлсэн.
(4) 한솔 씨가 지금 밖의 날씨가 어떠냐고 했어요. Хансул одоо гадаа цаг агаар ямар бай на вэ гэж асуусан.
(5) 친구가 날씨가 추우니까 감기 조심하라고 했어요. Най з маань цаг агаар хүй тэн бай гаа учраас ханиаднаас болгоомжил гэжхэлсэн.
(6) 동생이 비가 오니까 우산을 사자고 했어요. Дүү маань бороо орох учраас шүхэр худалдаж авцгаая гэж хэлсэн.

11-р хичээл

Утас <1>

1. −(이)라고 하다

어떤 사람과 사물의 이름이나 의미를 소개할 때 사용하는 어미로 명사와 결합한다. 받침이 있는 명사는 '-이라고 하다'와 결합하고 받침이 없는 명사는 '-라고 하다'와 결합한다.

Хэн нэг хүн ба эд зүй лсий н нэр болон утгыг тай лбарлах үед хэрэглэх нөхцөл бөгөөд нэр үгэн дээр холбогдоно. Дэвсгэр үсэгтэй нэр үгэн дээр '- 이라고 하다'-г залгаж дэвсгэр үсэггүй нэр үгэн дээр '-라고 하다'-г залгана.

(1) 저는 김성수라고 합니다. Намай г Кимсонсү гэдэг.
(2) 이것을 한국말로 '휴대폰'이라고 해요. Үүний г солонгосоор "гар утас" гэдэг.

2. −다고요?

상대방의 말을 듣고 그 말을 다시 반복하여 질문하는 구문으로 간접화법의 형태에 의문 종결어미 '-요'가 결합하여 '-(ㄴ/는)다고요?', '-(이)라고요?', '-(느/으)냐고요?', '-(으)라고요?', '-자고요?'의 형식으로 쓰인다. 다른 사람에게 들은 말을 그 자리에서 다시 정확하게 확인하는 경우와 들은 말이 의외여서 놀란 경우에 쓰인다.

Эсрэг талын хүний үгий г сонсоод тэр үгий г дахин давтан асуух аман ярианы шууд бус дамжуулан ярих хэлбэр бөгөөд асуух хэлбэрий н төгсгөх нөхцөл '-요'-г залгаж '-(ㄴ/는)다고요?', '-(이)라고요?', '-(느/으)냐고요?', '-(으)라고요?', '-자고요?' гэсэн хэлбэрээр хэрэглэгдэнэ. Өөр хүнээс сонссон үгий г газар дээр нь дахин тодорхой нягтлан асуух үед болон сонссон үг бодсоноос шал өөр учраас гай хсан тохиолдолд хэрэглэгдэнэ.

(1) 가: 12시에 만나자고 전해 주세요. А: 12 цагт уулзацгаая гэж дамжуулж өгөөрэй .
나: 12시에 만나자고요? 네, 전해 드리겠습니다. Б: 12 цагт уулзацгаая аа? За дамжуулж өгье.
(2) 가: 오늘 저녁 모임이 취소되었어요. А: Өнөө орой н уулзалтыг цуцалсан.
나: 뭐라고요? 오늘 저녁 모임이 취소되었다고요? Б: Юу гэнээ? Өнөөдөр орой н уулзалтыг цуцалсан гэнээ?

11-р хичээл

Утас <2>

1. −을/를 달라고(주라고) 하다 / −어/아 달라고(주라고) 하다

동사 '주다'는 목적어를 받는 대상이 누구냐에 따라서 간접화법 구문에서 사용하는 동사가 달라진다. 목적어를 받는 대상이 1인칭이면 동사는 '달라고 하다'가 되고 대상이 3인칭이면 동사는 '주라고 하다'가 된다. 다시 말하면 화자 자신이 어떤 사물이 필요할 경우에는

'달라고 하다'를 쓰고 제 3자가 필요로 하는 경우에는 '주라고 하다'를 쓴다.
Үйл үг болох '주다' нь тусагдахуун нь хэн бэ гэдгээс шалтгаалж шууд бус дамжуулах ярианы хэлбэрт хэрэглэгдэж байгаа үйл үг нь өөрчлөгддөг. Тусагдахуун нь 1-р бие бол үйл үг нь '달라고 하다' болж, 3-р бие бол '주라고 하다' болно. Өөрөөр хэлбэл ярьж байгаа хүн өөртөө ямарваа нэгэн зүйл хэрэгтэй болсон үед '달라고 하다'-г хэрэглэж, 3-дагч этгээдэд хэрэгтэй бол '주라고 하다'-г хэрэглэнэ.
(1) 은영 씨가 저한테 그 책을 빨리 달라고 했어요. Ынёнг намайг тэр номыг хурдан өгөөч гэж гуйсан.
(2) 은영 씨가 저한테 그 책을 마이클 씨한테 주라고 했어요. Ынёнг надад тэр номыг Майклд өгөөрэй гэсэн.
(3) 어머니께서 저한테 청소를 도와 달라고 했어요. Ээж намайг цэвэрлэгээ хийхэд тусалж өгөөч гэж гуйсан
(4) 어머니께서 저한테 동생한테 컴퓨터를 가르쳐 주라고 했어요. Ээж надад дүүдээ компьютер зааж өгөөрэй гэсэн.

2. 한 ~도

최소의 수량으로 비교함으로써 강조하는 표현이다. 정도를 나타내는 말에 붙어서 그 정도가 기대보다 적음을 나타낸다. 다음에는 '안, 못, 없다, 모르다' 등의 부정 표현이 따른다.
Хамгийн бага хэмжээтэй харьцуулан өгүүлбэрт хүч нэмэгдүүлэх хэлбэр юм. Хэмжээг илэрхийлэх үгэнд залгаж, тухайн хэмжээ нь найдаж байгаагаас бага байгааг илэрхийлнэ. Араас нь '안, 못, 없다, 모르다' зэрэг үгүйсгэсэн утга бүхий үгнүүдийг залгана.
(1) 한국 요리를 한 번도 해 본 적이 없어요. Солонгос хоолыг нэг ч удаа хийж үзээгүй.
(2) 오늘 전화가 한 통도 안 왔어요. Өнөөдөр утсанд нэг ч дуудлага ирээгүй.

12-р хичээл

Солонгосын өдөр тутмын амьдрал <1>

1. -(으)ㄹ 줄 알다/ 모르다

어떤 행위의 방법을 아는지, 모르는지, 또는 능력이 있는지, 없는지를 나타낸다. 이때는 동사하고만 어울리며, 관형사형 어미는 '-(으)ㄹ'만 쓸 수 있다.
Ямар нэгэн үйлдэл хийх аргыг мэдэх, мэдэхгүй, мөн хийх чадвар байгаа эсэхийг илэрхийлэхэд хэрэглэнэ. Энэ тохиолдолд зөвхөн үйл үгтэй холбогдох бөгөөд нөхцөлийн хувьд зөвхөн '-(으)ㄹ'-г хэрэглэнэ.
(1) 저는 자전거를 탈 줄 알아요. Би дугуй унаж чадна.
(2) 처음 한국에 왔을 때는 매운 음식을 먹을 줄 몰랐는데 지금은 잘 먹어요. Анх Солонгост ирж байхдаа халуун ногоотой хоолыг идэж чаддаггүй байсан ч одоо бол сайн иднэ.

2. -지요

의문문으로 사용할 때는 부드럽고 친근하게 상대방의 의견을 묻는 어미로 쓰이며, 서술문으로 사용할 때는 당연히 그러함을 나타내는 어미로 쓰인다.
Асуух хэлбэрээр хэрэглэх үед харилцаж буй хүнээсээ зөөлөн, дотноор асуух нөхцөл бөгөөд хүүрнэх хэлбэрээр хэрэглэж байгаа бол тухайн зүйл нь мэдээжийн тийм гэсэн утгыг заасан нөхцөл юм.
(1) 가: 이번 학기 한국어 공부가 재미있지요? Энэ семестрийн Солонгос хэлний хичээл сонирхолтой байгаа биз дээ?
나: 물론이지요. Мэдээж шүү дээ
(2) 가: 우리 학교에서 얼마 동안 공부하셨지요? Манай сургуульд хэр удаан сурж байгаа билээ?
나: 6개월 동안 공부했어요. 6 сарын турш сурсан.
(3) 가: 시험을 잘 보려면 어떻게 해야 하지요? Шалгалтаа сайн өгье гэвэл яах хэрэгтэй билээ?
나: 날마다 열심히 공부해야지요. Өдөр болгон шаргуу хичээл хийх хэрэгтэй шүү дээ.

12-р хичээл

Солонгосын өдөр тутмын амьдрал <2>

1. -(이)나?

수량을 물어 볼 때 사용하는 구문인 '몇+ (단위명사)?' 뒤에 붙어서 의문문을 만든다. 정확한 대답을 요구하지 않는 질문을 할 때 쓰인다.
Тоо хэмжээг асуухад хэрэглэдэг '몇+ (단위명사)?' /хэдэн + (тоо ширхэг заасан нэр үг) ?/ -ы ард залгаж асуух хэлбэр үүсгэнэ. Тодорхой хариултыг хүсээгүй үед хэрэглэнэ.

(1) 가: 한국에서 한 달에 식비가 얼마나 들어요? Солонгост сард хоолонд хэдэн төгрөг орчим зарцуулж бай на?
나: 30만원 쯤 들어요. 300,000 вон орчим ордог.

(2) 가: 하루에 커피를 몇 잔이나 마셔요? Өдөрт ой ролцоогоор кофе хэдэн аягыг уудаг вэ?
나: 보통 세 잔쯤 마셔요. Ер нь 3 аяга орчим уудаг.

2. -(으)ㄴ/는/(으)ㄹ 것 같다

동작이나 상태에 대한 화자의 추측 또는 불확실한 단정을 나타낸다. 동사, 형용사, '-이다'에 붙어서 쓰인다.
Үй л хөдлөл болон нөхцөл бай длын талаар ярьж буй хүний таамаглал, тодорхой бус бай длыг илэрхий лнэ. Үй л үг, тэмдэг үй л үг, '-이다'-д залгаж хэрэглэнэ.

(1) 한국 사람들이 다른 나라 사람들보다 친절한 것 같아요. Солонгос хүмүүс бусад орны хүмүүсээс илүү эелдэг най рсаг юм ши г бай на.
(2) 친구들 중에서 누가 아침을 안 먹은 것 같아요? Най зууд дундаас хэн нь өглөөний цай гаа уугаагүй юм шиг бай на вэ?
(3) 제 생각에는 두 사람이 사랑하는 것 같아요. Миний бодлоор тэр хоёр хүн бие биендээ хай ртай юм шиг бай на.
(4) 3년쯤 공부하면 한국 사람처럼 한국말을 잘 할 수 있을 것 같아요. 3 жил орчим сурвал Солонгос хүн шиг Солонгос хэлээр са й н ярьж чадах юм шиг бай на.
(5) 세상에서 제일 어려운 말은 한국말인 것 같아요. Энэ ертөнций н хамгий н хэцүү хэл бол Солонгос хэл юм шиг бай на.

13-р хичээл

Нүүх <1>

1. -부터

어떤 행동이나 행동의 주체나 대상을 '시작으로 하여'의 뜻이다. 이때 결합하는 명사는시간을 나타내는 명사가 아니다. '우선, 먼저' 등과 함께 쓰이기도 한다.
Ямар нэгэн үй лдэл болон үй лдлий н эзэн бие юмуу обьект болсон зүй лий г "эхлэл болгон" гэсэн утгыг агуулна. Энэ тохиолдолд холбогдож буй нэр үг нь цаг хугацааа илэрхий лж буй нэр үг бай х ёсгүй . Мөн '우선, 먼저' /юуны өмнө, эхлээд/ зэрэг үгтэй хамт хэрэглэж болно.

(1) 이사하려면 먼저 이사할 집부터 찾아야 돼요. Нүүе гэвэл эхлээд нүүж очих гэрээ олох хэрэгтэй .
(2) 짐이 많으니까 이삿짐센터에 전화부터 하세요. Ачаа их бай гаа болохоор ай л нүүлгэж өгдөг газар луу утасдахаас эхэл.

2. -(으)면 안 될까요?

어려운 부탁을 할 때 쓰며 조심스럽게 상대방의 의향을 묻는 구문으로 동사의 어간에 붙는다.
Ямар нэгэн хүндрэлтэй хүсэлт тавих үед хэрэглэх бөгөөд харилцаж буй хүний хээ бодол санааг болгоомжтой гоор аман ярианы хэлбэрээр асуухын тулд үй л үгий н язгуур дээр залгаж хэрэглэнэ.

(1) 이삿짐을 좀 싸 주시면 안 될까요? Нүүх ачааг боогоод өгөхгүй юу? (Боогоод өгвөл болохгүй юу?)
(2) 빈 자리가 없는데 옆 자리에 앉으면 안 될까요? Хоосон суудал бай хгүй бай на. Хажууд чинь сууж болох уу? (Хажууд чинь суувал болохгүй юу?)

13-р хичээл

Нүүх <2>

1. -네요

말하는 사람이 직접 경험하여 새롭게 알게 된 사실을 감탄하여 말할 때 쓴다.
Хэлж бай гаа хүн өөрий н биеэр мэдэрч шинээр мэдсэн зүй лий г гай хан ярих үед хэрэглэнэ.

(1) 방이 넓고 좋네요. Өрөө чинь уужим, гоё бай на шүү.
(2) 아래층에 가게가 있어서 시끄럽겠네요. Доод давхарт дэлгүүр бай даг болохоор шуугиантай бай на шүү.

2. -(으)ㄴ/는/(으)ㄹ지 알다/ 모르다

어떤 질문에 대해 알고 모름을 나타낼 때 사용하는 구문이다. 그 의문문에 나오는 서술어의 종류와 시제에 따라 '-(으)ㄴ/는/(으)ㄹ'이 선택되고 여기에 접속어미 '-지'와 '알다/모르다/궁금하다'가 붙어서 만들어진다. 의문사가 없는 의문문의 경우에는 대립이 되는한 쌍의 질문이 함께 쓰인다. 이것을 표로 보이면 다음과 같다.

Ямар нэгэн зүй лий г мэдэж бай гаа, үгүй эсэхий г илэрхий лэх үед хэрэглэх ярианы хэлбэр юм. Тухай өгүүлбэрий н өгүүлэхүүн гишүүний төрөл болон ямар цагт бай гаагаас шалтгаалж '-(으)ㄴ/는/(으)ㄹ' сонгон хэрэглэж, холбох нөхцөл болох '-지', 'мэднэ мэдэхгүй сонирхолтой бай на зэрэг үгнээс бүрдэнэ. Асуух дай вар үггүй асуух өгүүлбэрт эсрэг утгатай үг хэллэг хамт хэрэглэгднэ. Үүний г дараах хүснэгтээс харна уу.

서술문 Өгүүлэгдэхүүн гишүүн	문형 Хэлбэр	예문 -Жишээ
형용사 Тэмдэг үй л үг	-(으)ㄴ지	제니 씨가 요즘 무엇 때문에 바쁜지 알아요? Жени ой рын үед юунаас болоод завгүй бай гааг мэдэх үү?
	-었/았는지	은영 씨가 어제 왜 기분이 나빴는지 궁금해요. Ынёнг өчигдөр яагаад сэтгэл санаа нь муу бай сныг мэдмээр бай на.
동사 Үй л үг	-(으)ㄹ지	내일 날씨가 맑을지 흐릴지 모르겠어요. Маргааш цаг агаар цэлмэг үү бүрхэг үү гэдгий г мэдэхгүй .
	-는지	한솔 씨가 어떤 사람을 좋아하는지 알고 싶어요. Хансул ямар хүнд хай ртай вэ гэдгий г мэдэхий г хүсч бай на.
-이다	-었/았는지	마이클 씨가 어디로 이사했는지 알아요? Май кл хаашаа нүүсний г мэдэх үү?
	-(으)ㄹ지	이사하는 날 누가 와서 도와줄지 모르겠어요. Нүүх өдөр хэн ирж туслаж өгөхий г мэдэхгүй бай на.
있다 бай х /없다 бай хгүй	-(이)ㄴ지	마이클 씨 생일이 언제인지 몰라요. Май клий н төрсөн өдөр хэзээ гэдгий г нь мэдэхгүй нээ.
	-는지	지금 주인이 집에 있는지 없는지 궁금해요 Одоо эзэн гэртээ бай гаа бай хгүй г мэдмээр бай на.

14-р хичээл

Амралтын өдөр <1>

1. -이/가 되다 / -이/가 -이/가 되다

주어가 무엇으로 변함을 나타내며, 서술어 '되다' 앞에는 반드시 '-이/가'를 쓴다.

Эзэн бие юу болон өөрчлөгдсөний г илэрхий лэх бөгөөд, өгүүлэхүүн гишүүн '되다-болох' -ын өмнө нь заавал '-이/가' хэрэглэгднэ.

(1) 봄이 되어서 날씨가 따뜻하네요. Хавар болоод цаг агаар дулаарч бай на.
(2) 우리 집 강아지가 큰 개가 되었어요. Манай гэрт бай даг гөлөг том нохой болсон.

2. -었/았다가

동사의 어간에 붙어서 그 행위가 일어난 후에 연이어 다른 행위가 일어남을 나타내며 보통 반대의 행위를 쓴다.

Үй л үгий н үндсэн дээр залгагдан тэр үй л хөдлөл хий гдсэний дараа үргэлжлүүлж өөр үй лдэл хий гдсэний г илэрхий лэх бөгөөд ихэвчлэн эсрэг утгатай үй л хөдлөл үргэлжилдэг.

(1) 극장에 갔다가 표가 없어서 다시 집으로 왔어요. Кино театрт очоод тасалбар бай хгүй учраас эргээд гэртээ ирсэн.
(2) 창문을 열었다가 추워서 다시 닫았어요. Цонх нээчихсэн бай ж бай гаад хүй тэн учраас дахин хаасан.

3. 하도 -어/아서

어떤 일에 대한 원인을 나타낼 때 쓰이며, '하도'는 '매우'와 의미가 같으나 항상 연결어미와 함께 쓰인다.

Ямар нэг үй л явдлын талаарх учир шалтгааныг илэрхий лэх үед хэрэглэнэ. '하도-' гэдэг үг нь '매우-нилээн' гэсэн

утгатай бөгөөд хэзээд холбох нөхцөлтэй хамт хэрэглэгднэ.
(1) 하도 집이 멀어서 이사를 했어요. Гэр маань нилээн хол бай сан учраас нүүсэн.
(2) 놀러 갔다가 하도 사람이 많아서 일찍 왔어요. Зугаалахаар явж бай сан чинь хүн дэндүү их бай сан болохоор эрт ирсэн.

14-р хичээл

Амралтын өдөр <2>

1. -어/아 가지고

연결어미 '-어/아서'의 의미를 강조하여 나타내는 표현이다. 이유나 원인을 나타내는 '-어/아서'와 동작이 시간적 순서로 이어짐을 나타내는 '-어/아서'를 모두 '-어/아 가지고' 로 바꿀 수 있는데 보통 구어체에서 많이 쓰인다. 이때 '가지고'는 앞의 상태나 동작에 대한 보유의 뜻을 강하게 나타낸다.

Учир шалтгаан заасан холбох нөцхөл '-어/아서' –гий н утганд хүч нэмсэн хэлбэр юм. Учир шалтгаан илэрхий лдэг '-어/아서' болон үй л хөдлөл нь цагий г дэс дараалаар үргэлжлэхий г илэрхий дэг '-어/아서'-г '-어/아 가지고' –аар соль ж болох бөгөөд аман ярианы хэлбэрт их хэрэглэгддэг. Энэ үед 가지고 нь нөхцөл бай дал , үй л хөдлөлий г эзэмших утгыг хүчтэй илэрхий лдэг.

(1) 하도 심심해 가지고 친구를 만나서 영화를 봤어요. Дэндүү уй тгартай бай сан учраас най затай гаа уулзаж кино үзсэн.
(2) 어린이날 선물을 사 가지고 조카들한테 가야 돼요. Хүүхдий н баяраар бэлэг худалдаж аваад дүү нарлуугаа явах хэрэгтэ й болох нээ.

2. -(이)나

수량을 나타내는 명사 혹은 단위명사에 붙어 수량이 예상되는 정도를 넘었거나 아주 많음을 나타낼 때 쓴다.

Тоо хэмжээг илэрхий лсэн нэр үг болон ширхэг заасан нэр үгэн дээр залгагдан таамаглаж бай сан тоо хэмжээг хэтэр сэн юмуу маш их гэсэн утгыг илэрхий лнэ.

(1) 가: 저는 하루에 커피를 다섯 잔쯤 마셔요. А: Би өдөрт 5 аяга кофе уудаг.
나: 다섯 잔이나 마셔요? 정말 많이 마시는군요. Б: 5 аяга уудаг гэж үү? Үнэхээр их уудаг юм бай на.
(2) 한솔 씨는 월급을 300만 원이나 받아요. Хансульын сарын цалин 3 сая вон хүрдэг.

3. -밖에

수량을 나타내는 명사 혹은 단위명사에 붙어 수량이 기대 수준에 미치지 못했다고 생각할 때 '-밖에'를 사용한다. 뒤에는 반드시 '안, 못, 없다, 모르다' 등의 부정 표현이 온다. 명사가 수량을 나타내지 않는 경우에도 오직 그 명사뿐임을 나타낼 때 쓰인다.

Тоо хэмжээг илэрхий лсэн нэр үг болон ширхэг заасан нэр үгэн дээр холбогдон тоо хэмжээ нь хүссэн хэмжээнд хүрч чадахгүй гэж бодох үедээ '-밖에'-г ашиглана. Ардаа заавал '안, 못, 없다, 모르다' зэрэг үгүй сгэх хэлбэрий г шаардана. Нэр үг тоо хэмжээ заахгүй тохиолдолд цорын ганц гэсэн утгыг илэрхий лнэ.

(1) 저는 조카가 한 명밖에 없어요. Надад нэг л ач бий.
(2) 어제 잠을 5시간밖에 안 잤어요. Өчигдөр 5-хан цаг л унтлаа.
(3) 저는 그 사람의 얼굴밖에 몰라요. Би тэр хүний г зүс танихаас цаашгүй.

15-р хичээл

Онгоцны буудал <1>

1. -기는 하지만 / -기는 -지만 / -기는 했지만 / -기는 -었/았지만

동사나 형용사에 쓰여 상대방의 말을 일부는 긍정하지만 후행절에서는 일부분 부정하는뜻을 나타낸다.

Үй л үг болон тэмдэг үй л үгэн дээр залган эсрэг талын хүний үгний зарим хэсгий г хүлээн зөвшөөрөх боловч өгү үлбэрий н арын хэсэгт нь үгүй сгэх утгыг гаргана.

(1) 한국어 공부를 열심히 하기는 하지만 아직 잘 못해요. Солонгос хэлий г идэвхтэй сурахын хувьд сурч бай гаа боловч одоо хүртэл сай н ярьж чадахгүй бай на.
(2) 인천공항이 넓기는 넓지만 멀어서 불편해요. Инчоны онгоцны буудал томын хувьд том боловч хол учраас төвөгтөй бай на.
(3) 비행기표를 예매하기는 했지만 다시 취소했어요. Онгоцны тасалбараа захиалсны хувьд захиалсан боловч дахиад цуцлуулсан.
(4) 탑승구를 찾기는 찾았지만 늦어서 비행기를 못 탔어요. Онгоцонд суух хаалгыг олохын хувьд олсон боловч хоцорсон учраас о нгоцондоо сууж чадсангүй .

2. −뿐이다 / −(으)ㄹ 뿐이다

명사와 결합할 때는 오직 앞에 오는 명사만 있음을 나타낸다. 그리고 관형사형 어미 '- (으)ㄹ'의 수식을 받을 경우 선행하는 행위만 있고 그 이외에는 더 없음을 나타낸다.

Нэр үгэн дээр залгагдах үед цорын ганц тэр зүй л л бай гааг илэрхий лнэ. Мөн тэмдэг нэрий н нөхцөл '- (으)ㄹ'-г ар даа залгах тохиолдолд зөвхөн тэр үй лдэл л бай гаа өөр бай хгүй гэсэн утгыг илэрхий лдэг

(1) 제가 만들 수 있는 한국 요리는 라면뿐이에요. Миний хий ж чадах солонгос хоол бол бэлэн гой мон л бай на даа.

(2) 가: 아까 술 많이 마셨죠? А: Саяхан архи их уусан биздээ?

나: 아니요, 딱 한 잔만 마셨을 뿐이에요. Б: Үгүй ээ, яг нэг аяга л уусан төдий шүү дээ.

15-р хичээл

Онгоцны буудал <2>

1. −뿐만 아니라 −도 / −(으)ㄹ 뿐만 아니라 −도

'-뿐만 아니라' 앞에는 명사가 붙어서 '그 명사가 가리키는 사물만이 아니고 그에 더하여 후행 명사가 가리키는 사물까지도'의 뜻을 나타낼 대 사용한다. '-(으)ㄹ 뿐만 아니라'는 동사, 형용사, '-이다'가 붙어서 선행절의 동작이나 상태만이 아니라 후행절의 동작이나 상태를 더하여 가리킬 때 쓰인다. 선행절이 긍정이면 후행절도 긍정이고 선행절이 부정이면 후행절도 부정이어야 한다.

'-뿐만 아니라' нөхцөлий н өмнө нэр үг орж "тухай н нэр үг зааж бай гаа зүй л цорын ганц биш, түүн дээр нэмэн арын нэр үг зааж бай гаа зүй л хүртэл" бай гааг илэрхий лэх үед хэрэглэнэ. '-(으)ㄹ 뿐만 아니라' нь үй л үг, тэмдэг үй л ү г, '-이다' дээр залгаж зөвхөн эхний хэсгий н үй лдэл, нөхцөл бай длыг биш, арын хэсгий н үй лдэл болон нөхцөл ба й длыг ч нэмж заах үед хэрэглэдэг. Эхний хэсэг нь эерэг утгатай бай вал арын хэсэг нь ч эерэг утгатай бай х ёстой . Үүнтэй адил эхний хэсэг нь урвуу утгатай бай вал арын хэсэг ч мөн урвуу утгатай болно.

(1) 가: 김포공항에는 국내선만 있지요? A : Кимпо онгоцны буудалд зөвхөн дотоодын нислэг л бай даг биз дээ?

나: 아니요, 국내선뿐만 아니라 국제선도 있어요 B : Үгүй ээ, дотоодын нислэгээр зогсохгүй гадаадын нислэг ч бай даг.

(2) 가: 인천공항은 어떤 점이 좋아요? A : Инчон онгоцны буудалын ямар тал нь аятай хан бэ?

나: 넓을 뿐만 아니라 정말 깨끗해요. B : Ужимаас гадна үнэхээр цэвэрхэн.

2. ~덕분에 / −(으)ㄴ 덕분에

'덕분+에'의 형태이며 '덕분'은 남에게 고마움을 의미한다. 명사와 결합하여 '그 명사의 고마움을 이유로 하여'의 뜻을 나타낸다. '-(으)ㄴ 덕분에'는 동사나 형용사 어간과 결합 하여 그것의 도움으로 후행절의 좋은 결과를 이루었음을 나타낸다.

Энэхүү нөхцөл нь '덕분+에'гэсэн бүтэцтэй бөгөөд '덕분' нь бусдад талархаж бай гаа утгыг агуулна. Нэр үгтэй холб огдож тухай н нэр үг заасан зүй лий н ачаар, тусаар үр дүнд хүрсэн гэсэн утгатай . '-(으)ㄴ 덕분에' нь үй л үг, тэмдэг үй л үгий н язгуур дээр залгагдаж тэрхүү зүй лий н тусламжтай гаар арын холбоо өгүүлбэрт гарч буй ямар нэгэн с ай н үр дүнд хүрлээ гэсэн утгыг илэрхий лдэг.

(1) 선생님 덕분에 한국말을 잘 배울 수 있었어요. Багшийнхаа ачаар солонгос хэл сай н сурч чадсан.

(2) 친구가 도와준 덕분에 출국 수속을 잘 끝냈어요. Манай най з тусласны ачаар хил нэвтрэх бүртгэлий г амжилттай дуусгасан.